PENSO,
LOGO
ENSINO

◻ **O VALOR DO PROFESSOR**

Gabriel Perissé

PENSO,
LOGO
ENSINO

autêntica

Copyright © 2022 Gabriel Perissé

Todos os direitos reservados pela Autêntica Editora Ltda. Nenhuma parte desta publicação poderá ser reproduzida, seja por meios mecânicos, eletrônicos, seja via cópia xerográfica, sem a autorização prévia da Editora.

EDITORAS RESPONSÁVEIS
Rejane Dias
Cecília Martins

REVISÃO
Marina Guedes

CAPA
Diogo Droschi

DIAGRAMAÇÃO
Waldênia Alvarenga

Dados Internacionais de Catalogação na Publicação (CIP)
(Câmara Brasileira do Livro, SP, Brasil)

Perissé, Gabriel
  Penso, logo ensino / Gabriel Perissé. -- 1. ed. -- Belo Horizonte, MG : Autêntica, 2022. -- (O valor do professor ; 3)

  Bibliografia.
  ISBN 978-65-5928-191-6

  1. Educação 2. Professores 3. Professores – Formação profissional I. Título II. Série.

22-116801   CDD-370.1

Índices para catálogo sistemático:
1. Professores : Educação e conhecimento 370.1

Aline Graziele Benitez - Bibliotecária - CRB-1/3129

Belo Horizonte
Rua Carlos Turner, 420
Silveira . 31140-520
Belo Horizonte . MG
Tel.: (55 31) 3465 4500

São Paulo
Av. Paulista, 2.073 . Conjunto Nacional
Horsa I . Sala 309 . Cerqueira César
01311-940 . São Paulo . SP
Tel.: (55 11) 3034 4468

www.grupoautentica.com.br
SAC: atendimentoleitor@grupoautentica.com.br

Sumário

7 **Sobre a coleção**
  O valor do professor

9 **Introdução**
  Pensar o pensamento

21 **30 palavras-chave
   para entender
   o pensamento humano**

23 Alunos

26 Aprendizado

29 Avaliação

32 Ciência

35 Conceito

38 Cosmovisão

41 Crítica

44 Dialética

47 Discernimento

50 Docência

53 Dúvida

56 Escola

59 Filosofia

62 Genialidade

65 Humanismo

68 Imaginação

71 Inteligência

74 Intuição

77 Ironia

80 Linguagem

83 Memória

86 Mente

89 Pensamento

92 Perguntas

95 Problematização

98 Racionalidade

101 Respostas

104 Sabedoria

107 Universidade

110 Verdade

113 **Conclusão**

116 **Bibliografia**

123 **Projeto da coleção**

Sobre a coleção
O valor do professor

Um dos maiores desafios da educação no século XXI está em formar e atualizar nossos professores, especialmente no que diz respeito à sua formação continuada. Além da formação inicial e da experiência própria, é necessário que todo docente reflita com frequência sobre sua prática cotidiana e que entre em contato com leituras que o ajudem a se aperfeiçoar como ser humano, cidadão e profissional.

Para que sua formação seja realmente continuada, a coleção O valor do professor apresenta 12 temas que o acompanharão durante 12 meses. Em cada volume, capítulos breves abordam questões relativas ao cuidado consigo mesmo, à pesquisa, à didática, à ética e à criatividade. São trinta capítulos, um para cada dia do mês, acompanhados por sugestões práticas e bibliografia para aprofundamento.

Em *Penso, logo ensino*, enfatiza-se que a tarefa docente pressupõe um exercício intelectual constante, e que, por outro lado, os estudantes aprendem a pensar melhor quando entram em diálogo com professores reflexivos. Além do conteúdo curricular, esses professores ensinam a analisar fenômenos, elaborar hipóteses, desenvolver a capacidade de abstração, apreender conceitos, ampliar a consciência crítica, identificar contradições, buscar as verdades científicas. A inteligência humana é tão complexa que ela mesma não consegue esgotar todas as suas possibilidades. Esse fascinante paradoxo nos convida a pensar o próprio pensamento.

Introdução
Pensar o pensamento

Ao pensar sobre nosso próprio pensamento, experimentamos uma sensação única. É como se, olhando no espelho, descobríssemos que a imagem do espelho está olhando também para nós.

Tal experiência pode ser adequadamente chamada de experiência reflexiva. Ficamos pensativos diante dos pensamentos que brotam dentro de nós. Esses pensamentos se referem a coisas que estão no mundo exterior, mas, por nascerem em nós, carregam um conjunto de imagens, emoções, sentimentos e memórias que definem a nossa personalidade.

Os pensamentos mais íntimos são estimulados pelas realidades do nosso entorno. Ao ver uma pessoa que amamos ou tememos, ao deparar com uma caixa fechada, ao ouvir um barulho estranho, ao sentir um aroma diferente, ao admirar a beleza de um pássaro, nossa mente começa a trabalhar, mesmo que não tenhamos plena consciência disso. É nossa mente que nos leva a reagir por amor ou por medo. É ela que nos faz formular hipóteses, motivada pela curiosidade. É ela que nos conduz a contemplar as essências da vida.

Observar a nossa mente em ação nos ensina muito sobre quem somos.

Uma das maiores surpresas para quem estuda a mente humana é perceber que ela nem sempre se comporta de maneira lógica, racional e previsível.

Somos seres racionais, sem dúvida, mas ao mesmo tempo somos seres sonhadores, temos intuições incríveis e corremos o risco do autoengano, as ideias fixas podem nos paralisar e solucionamos problemas intrincados, inventamos histórias fantásticas e acreditamos em coisas impossíveis de provar, defendemos ideias contraditórias e conferimos novos sentidos a antigos significados... Em suma, não é fácil entender o zigue-zague da mente humana, por mais inteligentes que sejamos!

Toda essa riqueza mental entra em jogo na dinâmica do ensino-aprendizado.

Os professores, como especialistas na arte de aprender, reconhecem diariamente essa riqueza, seja no comportamento dos seus alunos, seja em si mesmos, atuando como docentes.

Inteligência e leitura

Inteligir (isto é, perceber a realidade pela inteligência) remete à ideia de leitura. É que, etimologicamente, "inteligir" procede da conjunção de duas palavras latinas: da preposição *intus* e do verbo *legere*.

Intus significa "dentro". *Legere* significa "ler". Atuar com a inteligência é, portanto, "ler por dentro", penetrar uma realidade com a nossa mente, fazer uma leitura profunda daquilo que está diante de nós. Graças à inteligência, lemos o mundo como se esse mundo fosse um texto a ser decifrado e compreendido.

Definir a inteligência dessa forma nos permite falar da necessidade de uma alfabetização mental. Em outros termos, precisamos aprender e aperfeiçoar a nossa maneira de ler e interpretar a realidade.

Todo ser humano é inteligente, mas a inteligência requer um treino, um exercício, um método. Assim como nossas mãos, capazes de realizar inúmeros movimentos, precisam ser treinadas para tocarmos um instrumento como o violão, o acordeão, o pandeiro, também nosso pensamento, repleto de potencialidades, precisa ser treinado para adquirirmos o máximo de conhecimentos possíveis com o máximo de rigor. (Lembrando que rigor nada tem a ver com rigidez.)

Como exercitar a inteligência de maneira rigorosa? Uma das formas mais eficazes é a prática da leitura reflexiva. A leitura atenta de um livro nos ajuda a ler a própria vida. A inteligência alfabetizada para interpretar um texto é a mesma inteligência praticando a interpretação de tudo o que acontece ao nosso redor.

Como seres pensantes que somos, avaliamos e interpretamos os mais diversos estímulos sensoriais: tudo o que vemos, ouvimos, cheiramos, saboreamos e tocamos passa pelo crivo do nosso pensamento.

Quando, por exemplo, eu olho uma vez mais, com atenção, o famoso sorriso da *Mona Lisa*, de Leonardo da Vinci, voltam à minha mente diversas lembranças e ideias, ou surgem novas conjecturas e considerações. Freud pensava que o pintor tinha recriado naquela obra o sorriso da sua própria mãe, pelo qual se havia apaixonado quando criança. A psicoterapeuta Marie-Louise von Franz identificava naquele enigmático sorriso um dos sinais da sabedoria feminina. Uma personagem de Clarice Lispector, ao vê-lo, no Louvre, ficou assustada com o excesso de beleza e ao mesmo tempo o associou a uma ferida. O filósofo inglês Roger Scruton considerava aquele sorriso tão inefável e indescritível quanto a luz do crepúsculo que ele admirava da janela de sua casa. Oscar Wilde, defendendo a ideia de que o crítico de arte é também um artista, via naqueles lábios, simultaneamente, o naturalismo grego, a luxúria romana e o devaneio medieval.

De fato, o pensamento não tem limites.

Ou melhor, a potencialidade dos nossos pensamentos é tão grande que chegamos a pensar que nossa mente é capaz de tudo... e de mais um pouco! Os teólogos afirmam que o ser humano é *capax Dei*, capaz de captar o próprio Deus.

As diferentes leituras do mundo e da realidade que o ser humano pode realizar demonstram que nossa mente não se reduz às operações cerebrais.

É claro que precisamos do cérebro para pensar, assim como dependemos das mãos para bater palmas ou dos pulmões para respirar. Contudo, se por um lado não podemos pensar sem o cérebro, o cérebro enquanto órgão físico que viabiliza o pensamento, a memória e a imaginação (aliás, o cérebro é responsável por "gerenciar" todas as nossas atividades vitais) não cria, porém, o significado e o sentido das coisas. Voltando à analogia com as mãos e os pulmões. As mãos que batem palmas não têm noção de que estão aplaudindo um espetáculo musical e os pulmões que respiram não se preocupam em calcular o IQAr (Índice de Qualidade do Ar) de uma região.

Pois bem, quando começamos a falar sobre o significado e o sentido das coisas, ingressamos no terreno propriamente dito do pensamento humano.

Certa vez, um amigo me perguntou, interrogando no fundo a si mesmo: "Será que eu sou confuso?". Inicialmente, achei aquela indagação meio estapafúrdia. Como poderia uma pessoa confusa decidir-se sobre sua própria confusão? Depois, refletindo melhor, vi que era uma pergunta honesta e corajosa. Esse meu amigo, praticando a difícil arte do autoconhecimento, fora capaz de distanciar-se de si mesmo e questionar suas possíveis dificuldades em pensar. Talvez, com essa atitude, conseguiria, dali em diante, ver as coisas com mais clareza.

A falta de clareza na hora de pensar deve-se a problemas de ordem intelectual, e não necessariamente a alguma disfunção cerebral. E o mesmo podemos dizer com relação a outros vícios ou virtudes do pensamento e da expressão desse pensamento.

Muitas vezes, ao pensar a realidade e a nós mesmos, vamos à cata de esclarecimentos e explicações, de soluções e caminhos para a vida que fomos chamados a viver. Queremos sondar as causas de um determinado estado de coisas. Decifrar uma angústia que nos assedia. Saciar uma curiosidade que se desdobra em variadas indagações. Ansiamos entender melhor a condição humana. Desejamos nos aprofundar em alguma área do conhecimento. Ou ampliar nossa visão de mundo.

Pensar e viver torna-se praticamente uma só atividade.

Simone de Beauvoir, em seu livro *A velhice*, descreve a figura de um intelectual francês, Bernard le Bovier de Fontenelle (1657-1757), que foi filósofo, poeta, escritor, dramaturgo, satírico, libretista, matemático, advogado, cientista da religião e astrônomo. Simone acredita que a intensa busca de saberes contribuiu para que Fontenelle, mesmo sendo fisicamente frágil, chegasse com boa saúde aos 99 anos de idade (além do hábito de comer morangos, que ele adorava e aos quais atribuía sua longevidade). Tinha fama de ser um homem que não parava de pensar, a ponto de dizerem que no lugar do coração ele carregava no peito um segundo cérebro.

Ler é pensar. Pensar é ler.

Este livro sobre o pensamento, no contexto da formação docente, pretende potenciar uma coisa e outra: a prática da leitura e o exercício da inteligência.

Ao ler sobre o pensamento, colhemos ideias e elaboramos conceitos, "coisas" invisíveis que, no entanto, nos tornam capazes de ver melhor o mundo das realidades palpáveis. E então, a partir do que aprendemos com a leitura, podemos realizar o movimento de volta. Ao caminharmos no mundo das coisas, trabalhando, preparando nossas aulas, dialogando com nossos pares, vendo e analisando o que nos rodeia, colhemos o material necessário para impulsionarmos nossa energia intelectual em direção, outra vez, ao mundo das ideias.

Nesse ir e vir, desenvolvemos e aperfeiçoamos o nosso sistema pessoal de convicções. O que não é nada fácil. Mas é fascinante.

Certezas e convicções

Cada palavra tem sua "personalidade" única e sua própria "biografia". Mesmo que duas palavras apareçam como sinônimas no dicionário, há entre elas diferenças específicas. Na vida intelectual, aprender a fazer esse tipo de distinção torna o pensamento mais sutil; e nossa linguagem, menos descuidada e mais precisa.

Haverá alguma diferença relevante entre as palavras "certeza" e "convicção"?

A certeza refere-se ao que não oferece dúvidas. O jornalista e escritor Nelson Rodrigues gostava de usar a expressão "certeza fanática". Para ele, a certeza não poderia ser ponderada. Ele retratava certezas dramáticas e apaixonadas. Já o filósofo Louis Lavelle falava que só as pessoas santas experimentariam uma certeza serena, uma certeza tranquila. Há pessoas, por outro lado, que, mesmo sem o aval da santidade, afirmam ter "certeza absoluta" sobre isso ou aquilo. Uma certeza absoluta não deixa espaço para a menor sombra de dúvida.

A certeza apoia-se em alguma evidência ou em alguma crença, mas a dúvida continua à espreita, nas imediações, rondando os calcanhares daqueles que têm certezas. É como uma serpente pronta para o bote. A dúvida ataca a certeza, o que não é de todo mau. Melhor dizendo, as dúvidas são inerentes à natureza da inteligência. Quem nunca duvida de nada corre o risco de fomentar certezas desastrosas. Há pior certeza do que aquela que nos torna cegos para a realidade e imprudentes em nossas ações? Por isso, boas dúvidas nos ajudam a rever certezas erradas ou, ao contrário, fortalecem as certezas robustas, que possuem os antídotos certos para as eventuais dúvidas.

Quem pretende elevar suas certezas ao nível da ciência deveria saber que novos fatos ou novas abordagens de antigos fatos podem transformar certezas absolutas em certezas obsoletas. A história da ciência, conforme dizia o filósofo e químico Gaston Bachelard, é a história dos erros da ciência. No século XIX, por exemplo, a física, a astronomia e a geologia calculavam (erroneamente) que o planeta Terra teria, no máximo, uma idade de 50 milhões de anos. Darwin, indo mais longe, pensava em cerca de 300 milhões de anos. Foi um grande passo, porque antes, no século XVIII, falava-se em apenas 100 mil anos. No início do século XX, muitos cientistas, recorrendo a métodos mais avançados, estimavam que a Terra teria cerca de 100 milhões de anos. Atualmente, afirma-se que possui pelo menos 4,6 bilhões de anos. E quem poderá garantir que não se chegará em breve a novas correções?

Edgar Morin ensina que as certezas científicas nos abrem as portas para novas incertezas. E que essas incertezas, por sua vez, nos fazem buscar certezas até então impensáveis. Mas que não sejam certezas fanáticas, e sim abertas a contestações pertinentes.

Guardamos conosco um número considerável de certezas, mas elas não podem nos isolar da realidade. Precisamos nos libertar da ilusão ingênua de que é preciso manter um acervo perfeito de certezas definitivas. O dono de tal acervo não teria mais nada a aprender.

Em tese, é sempre possível contestar a certeza que alguém diz ter sobre algum tema, mostrando-lhe dados concretos e informações confiáveis. Se um amigo (ou aluno) tem certeza de que o Sol gira em torno da Terra (ou não tem certeza alguma sobre isso), cabe-me apresentar-lhe a teoria heliocêntrica do sistema solar. Precisamos obter certezas assentadas em conhecimentos sólidos e válidos.

Quanto às convicções de alguém, o caminho é um pouco menos simples.

Uma pessoa convicta é aquela que se convenceu de algo determinante para a sua vida e, de certo modo, determinante também para a vida dos demais. Houve, então, mais do que a percepção de evidências externas, uma argumentação interna vitoriosa. Não é por acaso que o verbo "convencer" tem em si a ideia de "vencer". Há uma luta dentro de mim, e há uma vitória duradoura a favor de algo que seja melhor para mim e para os demais.

Em geral, convicções (mesmo que se provem equivocadas por alguma razão) estão estruturadas por uma série de experiências, análises, reflexões, enfim, por todo um cuidadoso trabalho de estudo e verificação, de crítica e autocrítica, de indagação e pesquisa.

Para criarmos e consolidarmos um sistema pessoal de convicções, ajuda muito conhecermos as convicções de outras pessoas, seja pessoalmente, seja pela leitura. Manter diálogos produtivos e de alto nível com quem tem concepções de vida semelhantes ou diferentes das nossas é uma forma riquíssima de aprendizado.

Para lembrarmos uma referência importante da formação docente, a médica e educadora Maria Montessori, depois de uma longa vida dedicada à pedagogia, mostrava-se plenamente convencida de que a educação não é apenas uma maneira de transmitir instruções e conhecimentos, mas uma questão social que deve interessar a todos. Em seu livro *A educação e a paz*, escreveu: "Estou convencida de que nossa incapacidade de resolver questões sociais aparentemente insolúveis vem da nossa inaptidão para reconhecer um fator crucial: a criança é um ser humano completo".

Penso, logo ensino

Uma convicção que perpassa as próximas páginas é a de que precisamos desenvolver ao máximo a nossa inteligência docente.

Mas esse desenvolvimento, como alertavam outros dois grandes pedagogos, Célestin e Élise Freinet, não se dá simplesmente mantendo o nariz enfiado nas páginas de um livro, mesmo que seja considerado um bom livro. Tampouco se trata de concordar com tudo o que esteja escrito, tenha sido escrito por quem for.

Esta e todas as leituras que viermos a fazer tornam-se trampolim para mergulharmos na realidade: o "livro" fundamental a ser lido e apresentado aos estudantes de todas as idades.

Cada uma das trinta palavras-chave comentadas a seguir é um convite para que nosso pensamento, voltando-se para o mundo real e para as pessoas com quem convivemos habitualmente, encontre novas possibilidades de aprofundamento.

A imagem da inteligência como um espelho e a do conhecimento como uma espécie de retrato da realidade são só parcialmente verdadeiras. A mente pensante de modo algum é passiva. É claro que ela não inventa a realidade, mas sua apreensão da realidade tampouco é a simples cópia do que existe. A mente humana faz as suas contribuições. Tem o seu poder de criatividade. E não esqueçamos que o pensamento das pessoas em nosso entorno também nos influencia fortemente.

Em nosso idioma, existe um verbo não muito usado, mas que neste contexto faz todo sentido: o verbo "mentar".

Mentar é, inicialmente, trazer à mente, recordar coisas, relembrar-se. A memória é imprescindível para uma boa atividade mental. Graças a ela, conseguimos unir o que aprendemos no passado com o que estamos aprendendo no presente. Nada a ver com a famigerada decoreba. A memória nos oferece um "estoque" constante de matéria-prima para novas combinações de conceitos e ideias.

Outro significado para "mentar" está ligado à nossa capacidade de imaginar. A imaginação dá corpo às nossas abstrações. O papel da imaginação na dinâmica cognitiva assusta aqueles que querem um pensamento mais linear, mais "bem-comportado". No passado, a imaginação era chamada a "louca da casa". A escritora e jornalista espanhola Rosa Montero, que escreveu um livro com esse título, mostra que essa "louca" não é perigosa e nos lembra que a vida infantil é, em boa parte, imaginária. As pessoas imaginativas, negando-se a envelhecer, mantêm viva essa virtude da infância.

Na frase "mentar um plano", descobrimos um terceiro significado para esse verbo. Mentar é planejar, projetar, arquitetar. Quanto ao que devemos fazer amanhã, quanto aos compromissos assumidos em nossa agenda, nossa mente rapidamente tenta organizar o futuro, definir horários, escolher estratégias, antever dificuldades, oferecer alternativas.

Mentar relaciona-se, por fim, com a palavra "ementa", que é frequente nos meios educacionais e acadêmicos. Criar uma ementa é apresentar com clareza aquilo que está em nossa mente e que pretendemos ensinar.

No divertido (e muitas vezes ferino) *Dicionário das ideias feitas em educação*, organizado pelos professores

Julio Groppa Aquino e Sandra Mara Corazza, "ementa" é definida como "contrato em letras minúsculas que alguém escreveu e que ninguém leu". Definição nem de todo verdadeira... nem de todo falsa...

A ementa, de fato, é um contrato. Um acordo entre professores e alunos, que deve ser lido, mesmo que as letras sejam minúsculas. A ementa é o temário criado para o diálogo entre a mente que ensina e a mente que aprende.

A mente humana tem um valor imensurável.

E a mente docente sabe disso!

30

PALAVRAS-CHAVE PARA ENTENDER O PENSAMENTO HUMANO

Alunos

A palavra "aluno" nada tem a ver com ausência de luz. A falsa informação etimológica circula na internet faz muito tempo. Em vários sites se diz que o termo teria surgido da estranha união entre o prefixo grego *a* (chamado alfa privativo, no sentido de "sem") e o termo em latim *lumen* ("luz", "claridade").

A ideia equivocada de que nossas salas de aula estão habitadas por criaturas "sem luz", "sem conhecimento", "sem inteligência", deve ser corrigida: "aluno" provém do verbo latino *alere*, no sentido de "alimentar", "crescer", "fortalecer". A rigor, "aluno" é tanto aquele que se alimenta quanto aquele que alimenta alguém.

E de que alimento se trata? Com que os alunos se alimentam? E de que se alimentam os professores, cuja principal tarefa é aprender bem para ensinar bem, como nos lembra Pedro Demo?

Todo ser humano, do ponto de vista da inteligência, alimenta-se de conceitos, noções, ideias, definições, teorias, ponderações, princípios, pontos de vista, conjecturas, hipóteses, intuições, opiniões... um cardápio variado e nutritivo. Alimentação essa que chega até nós através da linguagem falada, escrita, gestual ou visual, com suas inúmeras variações e combinações. São múltiplas as possibilidades da comunicação docente.

Não é verdade que os nossos alunos não queiram pensar. Ou que sejam incapazes de pensar melhor. O exercício bem orientado da mente é prazeroso. E nossa mente procura esse prazer dentro e fora da escola. Na primeira linha do primeiro livro de sua *Metafísica*, Aristóteles afirma que todo ser humano inclina-se ao saber, quer e gosta de aprender. É algo que faz parte da natureza humana.

A profissão docente consiste em encorajar e fortalecer essa inclinação que existe em todos nós desde que nascemos. Na verdade, antes mesmo de nascermos. De acordo com estudos da neurologia infantil, a partir do 6º mês de gestação, por exemplo, o bebê é capaz de identificar a voz da própria mãe em meio a outras vozes e tem condições de guardar na memória palavras e sons que poderá reconhecer depois do parto.

Na vida intrauterina, já somos alunos!

"OS ALUNOS COMEM O QUE OS PROFESSORES DIGEREM."

(Karl Kraus)

Buscamos o conhecimento, mas não qualquer conhecimento. Deve fazer sentido para nós, contribuir de fato para o nosso crescimento humano o mais pleno possível, e que tenha "feições de beleza, sabor de vida e cheiro de gente", nas palavras do educador gaúcho Balduíno Andreola.

Adquirir conhecimento não precisa estar associado à insipidez e ao desgosto. Sempre é possível enfatizar aspectos que despertem nos alunos o apetite do aprendizado significativo e contextualizado. O sabor do saber não é um mero trocadilho. Ou por outra, é um trocadilho perfeito.

Por isso é imprescindível que os professores jamais abandonem a prática da pesquisa e da reflexão pessoal. Alimentar-se intelectualmente é a essência da formação continuada. Mas que sejam experiências prazerosas, ao compreender um raciocínio, analisar um texto, solucionar um problema, aprofundar na complexidade de um tema. Tais experiências nos estimularão a convidar os alunos a degustarem por si mesmos outros deliciosos frutos da árvore do saber.

Todos nós fomos alunos um dia e até hoje continuamos a exercer esse papel em cursos, congressos, jornadas, simpósios. A palavra "simpósio", aliás, vem do grego e significa "banquete", "festim".

Aprender nos faz participar com outras pessoas da celebração do conhecimento.

SUGESTÃO

Ao ensinar qualquer conteúdo, não se esqueça do tempero da alegria.

Aprendizado

O filósofo Olivier Reboul, em seu livro *Qu'est-ce qu'apprendre?*, explica que o verbo francês *apprendre* significa ao mesmo tempo "aprender" e "ensinar":

> *A ambiguidade é significativa em si mesma. De fato, talvez não haja oposição absoluta entre aquele que ensina e aquele que aprende; por vezes, trata-se da mesma pessoa.*

Quem ensina sempre aprende. Aprende antes de ensinar, aprende ao ensinar e aprende depois de ensinar. Vejamos como se dão essas três etapas.

Antes de ensinar, precisamos saber o que é ensinar. A formação inicial nos oferece esse preparo. Somos profissionais que sabem ensinar, que estudaram para isso. E uma das descobertas mais importantes nesse aprendizado é que não basta conhecer a fundo o que devemos ensinar.

O conhecimento especializado (matemática, biologia, química, história, sociologia, educação física, língua portuguesa, língua inglesa etc.) é essencial, mas insuficiente. O que caracteriza a profissão docente é saber como motivar os alunos para que cresçam em autoconfiança e recebam ativamente esse conteúdo.

A formação deve ser simultaneamente teórica e prática. São as duas asas do mesmo pássaro. Uma complementa a outra, fazendo o voo acontecer. Estudamos história e psicologia da educação, teorias educacionais, movimentos pedagógicos, fundamentos da didática, teorias da administração escolar. E cumprimos um bom período de estágio supervisionado, preferencialmente em educação infantil e nos anos iniciais do ensino fundamental.

"APRENDEMOS DE MODO PESSOAL E O ENSINO DEVERIA SER PERSONALIZADO."
(Humberto Maturana)

À medida que começamos a trabalhar efetivamente como docentes, nos envolvemos cada vez mais em diversas tarefas. Nessa segunda etapa, adquirimos a insubstituível experiência. Convivemos com nossos alunos e conversamos com seus familiares. Tomamos contato com novas tecnologias de informação, comunicação e colaboração. Colecionamos surpresas e decepções, vitórias e fracassos, dores e alegrias. Dia a dia, semana a semana, mês a mês.

A terceira etapa do nosso aprendizado nos levará à sabedoria prática, ao amadurecimento profissional.

A formação continuada é o espaço adequado para a reflexão corajosa e a retomada de impulso. Em diálogo com nossos colegas, com nossos gestores e com formadores externos, respiramos fundo e olhamos o trajeto percorrido, tendo em vista novas possibilidades.

A autocrítica, aliada à aceitação serena das adversidades e limitações, será realista: nem tudo foi perfeito, mas nada está perdido; algumas vezes foi complicado, mas aprendemos a não baixar a cabeça.

Tomamos consciência então de que, apesar dos nossos problemas, ganhamos capacidade para atuar de modo mais inteligente e mais original, de modo mais flexível e mais firme, conjugando conhecimento teórico, sensibilidade e habilidade técnica.

A educadora portuguesa Isabel Alarcão enfatiza que essa atividade reflexiva dos professores tende a despertar-lhes o poder da criatividade. Diz ela em seu livro *Professores reflexivos em uma escola reflexiva*: "Queremos que os professores sejam seres pensantes, intelectuais, capazes de gerir a sua ação profissional".

Nosso aprendizado proativo não se encerra em nós mesmos, mas transborda em direção aos alunos. Pretendemos que eles aprendam conosco aquilo que lhes ensinamos explicitamente. No entanto, na maioria das vezes, são as nossas atitudes e comportamentos o que mais lhes chamam a atenção.

SUGESTÃO

Ao final de cada semana de trabalho, registre por escrito os aprendizados que tiver adquirido.

Avaliação

Um dos pontos mais importantes da formação docente diz respeito à reflexão e ao estudo aprofundado sobre a avaliação educacional.

A noção de valor é aqui incontornável. Nós avaliamos em razão dos valores que consideramos mais pertinentes. Entram em jogo não só os conteúdos, mas a nossa concepção do papel da escola na sociedade e do nosso papel como professores na vida dos estudantes. Entra em jogo também nossa visão do que é certo e errado. Não menos relevantes são as nossas definições de conceitos como "aprovação", "reprovação", "mérito", "inclusão", "exclusão" e muitos outros.

Se estabelecermos como valiosa a atitude que busca alternativas para os alunos aprenderem melhor, saberemos optar por ações pedagógicas que não recaiam na mera aplicação de provas, testes e exames de caráter rígido e classificatório, ou, no outro extremo, em práticas improvisadas e desconectadas da realidade discente.

Uma primeira ideia (nada inédita, mas nem por isso óbvia para todos) é a de que avaliação não é sinônimo de inquirição, com a finalidade de detectar o que o estudante sabe ou deixa de saber sobre este ou aquele tema. O ensino enciclopédico típico das escolas do século XIX, nas quais se praticavam as sabatinas (e as palmatórias cantavam), já não tem lugar no século XXI. A propósito, as enciclopédias se aposentaram e surgiu a Wikipédia.

Pensar avaliação em termos de sentenças de aprovação ou reprovação não faz sentido para uma cabeça e um coração pedagogicamente bem formados. Os professores não são deuses que absolvem ou condenam seus alunos. Se algo dessa caricatura ainda persiste entre nós, convém reavaliar nossos processos de avaliação.

Tampouco faz sentido querer descobrir quem está "atrasado" ou "adiantado". Atraso e adiantamento em relação a quê? Educação não é competição entre corredores que almejam ganhar medalhas e ocupar os primeiros lugares num pódio imaginário para os vencedores mais velozes.

"OS FINS DA AVALIAÇÃO SÃO MUITO MAIS IMPORTANTES DO QUE OS MEIOS."
(Jussara Hoffmann)

Avaliar é conhecer com mais propriedade de que modo orientar os alunos para que superem suas dificuldades de aprendizado e alcancem seus objetivos pessoais de vida. Do ponto de vista dos alunos, toda avaliação deveria ser uma forma de autoconhecimento e um convite a tomar decisões corajosas a favor do futuro. Tanto para professores como para educandos, trata-se de uma oportunidade para um novo posicionamento existencial.

Mediante adequada avaliação, reconheceremos as providências necessárias para um futuro melhor. Nisto reside o sentido da avaliação: que os alunos aprendam o que devem aprender e sigam em frente com mais autonomia e independência.

Nenhuma avaliação é neutra.

Em razão de nossos valores, percebemos com o máximo de rigor como nossos alunos correspondem às propostas de aprendizado que lhes fazemos, como assimilam ativa e criativamente os conhecimentos curriculares.

Precisamos voltar a estudar o conceito de avaliação educacional, evitando o "fetiche das notas escolares", que Cipriano Luckesi denuncia com clareza em seus livros. Repensar nossa atividade avaliadora, escutar os estudantes, aprender com seus saberes, acompanhar mais e julgar menos. Observar, enfim, conforme lembra Antoni Zabala, que avaliamos os alunos o tempo inteiro, com nosso olhar, nossos gestos e expressões faciais, revelando neles todo tipo de pensamentos e sentimentos.

SUGESTÃO

Pratique a autoavaliação,
e sua prática avaliadora será mais
justa e mais útil.

Ciência

Se quisermos compreender o que é a ciência, teremos que dar um pulo para fora do círculo estritamente científico. Essa seria uma reação coerente porque, segundo Edgar Morin, a questão sobre o que é a ciência "é a única que ainda não tem nenhuma resposta científica".

Dispomos de uma extensa e intensa discussão sobre a essência da ciência, que nos ensina a não idolatrar a própria ciência. Muito menos os cientistas. A filosofia da ciência confere à ciência sua devida importância. Importância nem maior nem menor do que, até prova em contrário, de fato possui.

A atividade racional do ser humano não se esgota no saber científico, que convive com inúmeros outros saberes: o saber histórico, o saber jurídico, o saber literário, o saber religioso, o saber político, o saber musical, o saber docente etc.

Outra forma de entender em que consiste a ciência é separá-la das chamadas pseudociências. Nesta lista de doutrinas com aparência científica, cujas explicações seriam duvidosas ou simplesmente enganadoras, encontramos a astrologia, a alquimia, a ufologia, a fisiognomonia (que avalia o caráter de um indivíduo a partir das feições do rosto), bem como, para os mais radicais, a metafísica e a psicanálise.

Uma característica inegociável da ciência é o uso de métodos rigorosos de pesquisa, pretensamente neutros e objetivos. No entanto, como os cientistas são seres humanos, sempre haverá "interferências" da nossa subjetividade, das nossas idiossincrasias no próprio modo de fazer ciência.

"TODA CIÊNCIA TEM QUE SER UM TRABALHO EM ANDAMENTO, UMA CONSTRUÇÃO ININTERRUPTA."
(Marcos Bagno)

Mas podemos também falar da ciência no plural, em virtude de específicos objetos de estudo.

O objeto de estudo da biologia são os seres vivos. O objeto de estudo da física são os fenômenos da natureza. O objeto de estudo da química são as propriedades e transformações da matéria. O objeto de estudo da astronomia, uma das ciências mais antigas, são os corpos celestes.

O objeto de estudo da pedagogia é o desenvolvimento integral da criança e do jovem. No caso da andragogia, é a educação do adulto. E, dando mais um passo, fala-se hoje da heutagogia, que estuda como se dá o aprendizado autodirecionado (bisneto do autodidatismo), sobretudo nos ambientes do *e-learning*.

A imagem ultrapassada do cientista genial mas alienado, à margem do mundo real, não corresponde ao que esperamos dos cientistas do nosso tempo.

Uma de suas responsabilidades é a de interagir didaticamente com a mídia e com a sociedade. A divulgação científica contribui para nos libertarmos da ignorância, dos preconceitos, das superstições.

Numa entrevista, em 2021, a médica pneumologista Margareth Dalcolmo afirmou:

> *Ciência não é uma abstração, mas algo concreto, que impacta a vida das pessoas, feita por gente de carne e osso. Num país desigual como o Brasil, exige que nós todos, médicos, pesquisadores, cientistas, sejamos cidadãos muito engajados pelo bem comum.*

O que os leigos em ciência talvez não saibam é que o conhecimento traduzido em linguagem acessível é resultado de muita observação e análise, muito trabalho colaborativo, muitas tentativas, erros e acertos, ao longo de muitos, muitos anos.

Para Richard Feynman, um dos pesquisadores pioneiros da eletrodinâmica quântica, há uma palavra que define ciência com perfeição: "Ciência é paciência".

SUGESTÃO

Cultive o espírito científico dialogando com os demais saberes humanos.

Conceito

Há perguntas a respeito de fatos, há perguntas que implicam juízos de valor, e há perguntas sobre conceitos.

Distinguir essas três possibilidades nos ajuda a responder melhor às exigências da comunicação cotidiana e a tudo o que se relaciona com a arte de ensinar.

Quando pergunto onde posso comprar uma tesoura, trata-se de uma pergunta direta sobre fatos. Quando pergunto se compensa comprar determinada marca de tesoura, estou esperando um juízo de valor. Ao perguntar o que é uma tesoura, precisamos realizar uma análise conceitual. Na vida real, nossas perguntas sobre os conceitos vêm misturadas com as que se voltam para os fatos e os juízos de valor. Discernimento, portanto, é fundamental.

Unimos nossos conceitos a palavras e a imagens não verbais, uma vez que os conceitos precisam ganhar clareza em nossas mentes e ser comunicados.

O próprio conceito precisa ser conceituado. Ora, todo conceito é conceito de algo.

O pronome indefinido "algo" tem alcance praticamente ilimitado. Significa qualquer coisa que exista, inclusive no campo ficcional. Podemos ter um conceito de unicórnio, e jamais veremos um unicórnio ao vivo. Podemos conceituar (e visualizar) um objeto mágico chamado "penseira", invenção de J. K. Rowling (autora das aventuras de *Harry Potter*), uma espécie de bacia de pedra para a qual o bruxo Dumbledore escoava seus pensamentos e lembranças a fim de examiná-los atentamente.

A palavra "conceito" envolve um forte componente criativo. Em latim, *conceptus* remete a noções como "germinação", "fruto", "embrião". Concebemos conceitos, isto é, geramos vida inteligente dentro de nós.

"FOI MINHA MÃE QUEM ME ENSINOU A ELABORAR CONCEITOS."

(Immanuel Kant)

Sem dúvida, podemos nos equivocar e elaborar conceitos "furados", que deixam fugir a realidade como a água escapando por entre os dedos.

Conceitos vagos, por outro lado, são aqueles que não nos permitem delinear com exatidão realidades que guardam semelhanças entre si. Umberto Eco tem, quanto a esse tema, um ótimo exemplo de imprecisão conceitual: "A galinha e a águia são aves, mas, interrogados a respeito, tendemos a dizer que, de algum modo, a águia é mais ave do que a galinha, e que a cobra é mais réptil do que a lagartixa".

Podemos ainda ampliar os conceitos. Se tal ampliação for adequada, indicará amadurecimento pessoal e aperfeiçoamento de nossa compreensão de mundo.

O dramaturgo Augusto Boal, num dado momento de sua trajetória de pensador e ensaísta, escreveu que "o ser humano é um ser teatral". Com o tempo, vivendo novas experiências estéticas, refletindo mais profundamente, ampliou o conceito: "O ser humano é um ser artístico".

Numa de suas obras sobre linguagem e educação, a professora Magda Soares observa que o termo "letramento funcional" foi criado para ampliar o conceito de "letramento", acrescentando-lhe comportamentos letrados do dia a dia que, normalmente, não são contemplados pelo ensino formal.

Boa parte da nossa formação intelectual está em compreender, analisar e criar conceitos. Contudo, há outras partes boas a serem consideradas nessa história. Entre elas, a que nos faz verificar, na prática, a eficácia dos conceitos que compõem a nossa visão de mundo.

Conceitos de liberdade, amor e felicidade nos oferecem chaves de interpretação decisivas para equacionarmos os pequenos e grandes problemas da vida.

SUGESTÃO

Você já pensou em criar o seu dicionário pessoal de conceitos?

Cosmovisão

Cosmovisão é visão do cosmos, a concepção de mundo que cada um de nós vai desenvolvendo ao longo da vida.

Enquanto as ciências consideram algum aspecto ou vertente da realidade, em virtude da sua especialização, a cosmovisão volta-se para a totalidade.

Esta palavra é tradução de um conceito filosófico, criado no idioma alemão: *Weltanschauung*. O termo surgiu no século XVIII e é composto pelos substantivos *Welt* ("mundo") e *Anschauung* ("ponto de vista", "visão"). Popularizou-se quando pensadores de língua inglesa, como William James, no século XIX, passaram a utilizá-lo. Os intelectuais brasileiros o descobriram na década de 1950.

Freud o apreciava muito e o levou da filosofia para o campo da psicanálise:

> *Em minha opinião, a Weltanschauung é uma construção intelectual que soluciona todos os problemas de nossa existência, uniformemente, com base em uma hipótese superior dominante, a qual, por conseguinte, não deixa nenhuma*

pergunta sem resposta e na qual tudo o que nos interessa encontra seu lugar fixo.

O que dizemos e escrevemos, o modo como interpretamos os fatos, é reflexo dos nossos valores e convicções, de nossas crenças e opções, em suma, de nossa maneira de ver o mundo e de estar no mundo.

Mas a cosmovisão pessoal não surge por acaso: somos formados pelo pensamento dos nossos pais e parentes, amigos e professores, pelas histórias e anedotas que escutamos e repetimos, pela linguagem cotidiana (carregada de lugares-comuns, expressões idiomáticas, jargões e gírias), pela doutrina dos líderes religiosos que ouvimos, pelas letras das canções que cantamos, pelos textos dos escritores e jornalistas que lemos e pelas opiniões dos *digital influencers*, os formadores de opinião do ambiente virtual.

"VEJO O MUNDO ABRIR E REABRIR O SEU LEQUE DE IMAGENS."
(Carlos Drummond de Andrade)

É em nossa cosmovisão pessoal que encontramos referências operativas. A partir de nossa maneira de perceber a vida podemos decidir que ações vale a pena tomar.

Fácil deduzir que a qualidade das atividades docentes decorre igualmente da cosmovisão de cada professora, de cada professor.

Pelo autoconhecimento, descobrimos o nosso sistema pessoal de princípios e valores que, no convívio diário, entrará em comunhão ou em atrito com outras cosmovisões. O respeito mútuo permitirá que, embora pensemos de forma diferente, realizemos projetos em comum.

A influência intelectual que exercemos em sala de aula ocorrerá sempre. É inevitável. O importante é esclarecer com toda a honestidade que não pretendemos impor a ninguém nossas posições, opiniões e verdades.

Nosso maior desejo, como educadores, é que todas as pessoas construam a própria identidade e a defendam sem agressividade e sem medo.

A "visão" que está na palavra "cosmovisão" não se refere apenas ao sentido da vista. Tudo o que recebemos ativamente pelos outros quatro sentidos nos interessa.

Além da cosmovisão, portanto, teríamos a cosmoaudição (o que escutamos), a cosmo-olfação (o universo de cheiros, odores e perfumes), a cosmogustação (todos os sabores, inclusive os amargos) e a cosmotateação (as formas, os movimentos, a temperatura, o peso, a textura, a vibração da vida).

Potencialmente, tudo é fonte de formação.

SUGESTÃO

Imagine que alguém lhe perguntará de modo direto qual é a sua cosmovisão. Como você responderá?

Crítica

Não criticar é ruim.

Tornar-se uma pessoa hipercrítica... também é ruim.

A recomendação da sabedoria clássica, *in medio virtus* (a virtude está entre os dois extremos), não elimina a força da crítica, mas indica que sua eficácia não depende da violência ou da obsessão.

O ingrediente crítico, na dose certa, movimenta o pensamento.

Educadores como Erasmo de Rotterdam, no século XVI, criticavam os envelhecidos métodos escolásticos do final da Idade Média. Denunciavam o anacronismo de uma educação que tornava as crianças sem gosto pelo estudo.

Montaigne, ainda no século XVI, criticava o enciclopedismo de Erasmo. Afirmava ser desnecessário entulhar nosso cérebro com o excesso de conhecimentos: "É melhor ter uma cabeça bem-feita do que uma cabeça bem cheia".

No século XVIII, Jean-Jacques Rousseau criticou o fascínio pela razão e pela ciência. Dizia que, sem um coração puro e sem retidão moral, não alcançaremos a felicidade. A ciência não garante nossa realização como seres humanos.

Por sua vez, no século XIX, o formulador da doutrina positivista, Auguste Comte, criticava Rousseau, por considerar sua filosofia uma construção artificial, sem contato com a realidade. No século seguinte, o filósofo e sociólogo Max Horkheimer criticaria o positivismo, ao mostrar como o pensamento comtista se afastava das preocupações da humanidade e terminava por aliar-se com os detentores do poder político. Mas o próprio Horkheimer foi criticado a seguir por um de seus discípulos, Jürgen Habermas, criador da teoria do agir comunicativo, para quem o pensamento do antigo mestre pecava por uma compreensão reduzida da racionalidade.

E esse jogo não tem fim, como sugeria Millôr Fernandes: "Fique tranquilo, pois sempre se pode provar o contrário".

Notamos que o aprendizado está em processo de amadurecimento quando quem aprende consegue identificar, no conteúdo apresentado, eventuais incoerências ou a ausência de elementos que tornariam aquele conteúdo mais abrangente ou profundo.

"ÀS VEZES, EU CRITICO OS CRÍTICOS."

(Alceu Valença)

Uma crítica lúcida, mesmo sendo incisiva, não terá como objetivo destruir ou desqualificar. Criticar significa discernir, apontando falhas, sem dúvida, mas sem perder de vista o que houver de valioso e verdadeiro naquilo que se critica.

Muito longe de ser apenas massificação de conhecimento e cultura, a educação deveria despertar a capacidade crítica e a liberdade de pensar do maior número possível de pessoas. As massas, nas palavras de Jean Baudrillard, "não escolhem". Sem ter ciência do que está em jogo, facilmente se entregam a diferentes ídolos.

Pessoas destituídas de espírito crítico, ainda que tenham alguma escolaridade, correm o risco de cair em pequenos ou grandes fanatismos. Ídolos do esporte, ou da música popular, ou da internet, ou da política, ou da religião reúnem em torno de si verdadeiros rebanhos de seguidores. E tais ídolos se esforçam para que a inteligência do rebanho permaneça nos estágios mais rudimentares.

No entanto, a hipercrítica é tão perigosa quanto a acriticidade. Se esta me condena à ingenuidade, numa prisão lotada de gente sem ideias próprias, aquela me acorrenta à contestação compulsiva, numa cela fria e escura, onde permaneço isolado, lamentando o dia em que nasci e rejeitando qualquer gesto de solidariedade.

Nessa triste solitária, critico tudo o tempo inteiro. Só esqueço de fazer um tipo de crítica, que vale para todos e nos liberta: a autocrítica.

SUGESTÃO

Fundamente suas críticas e as apresente com firmeza e cordialidade.

Dialética

Uma primeira (e básica) definição de dialética é a arte do diálogo, em que procuramos boas definições de conceitos e boas soluções para diferentes problemas.

Antes de entrar em decadência, a escolástica dos séculos XII a XIV foi uma reação crítica à falta de racionalidade, ao antiargumento da violência medieval. Naquele momento, na Europa, nascia a universidade como lugar onde se aprendia a argumentar de verdade, lançando-se mão de raciocínios de alto nível. Mestres e discípulos exigiam uns dos outros o rigor dialético e dialógico.

Em princípio, o pensamento solitário é plenamente possível, e dele esperamos colher os melhores frutos. Ao pensarmos, estamos conversando conosco, mas esse diálogo interno exige um grau de concentração fora do comum.

O jornalista Franklin Foer, em seu livro *O mundo que não pensa*, conta que o matemático e criptoanalista britânico Alan Turing possuía, como poucos, essa capacidade de intensa concentração. Seus pensamentos fluíam sem se afetar por interferências externas. Certa vez, no verão de 1935, enquanto passeava, Turing se deitou entre algumas macieiras e, como se o mundo ao redor tivesse desaparecido, concebeu o que ele chamaria de "Máquina de Computação Lógica", dando início à revolução digital e à era da hiperconectividade global.

De modo geral, porém, para pensarmos por conta própria, é de grande utilidade pensarmos com os demais, trocando impressões sobre inúmeras temáticas e discutindo ideias, nos espaços escolares e acadêmicos, bem como em cursos livres ou em grupos de estudo.

Aprendemos a pensar por conta própria ao apresentarmos nossas ideias e verdades em sintonia, em contraste, em atrito ou em confronto com o que pensam outras pessoas dispostas a conversar.

Dialetizar, no sentido de empregar a dialética, de acreditar no diálogo, é o método fundamental do aprendizado ocidental. Referindo-se ao projeto pedagógico que emerge dos diálogos socráticos, a filóloga e filósofa Barbara Cassin lembra em seus estudos como Sócrates manifestava compaixão por aqueles que não sabiam dialetizar, isto é, por aqueles que tinham dificuldade para entrar no jogo didático das perguntas e respostas, cujo objetivo é definir conceitos, em busca do justo e do bom.

"O CORPO É MEU TEOREMA, MINHA HIPÓTESE, MINHA TESE, MINHA ANTÍTESE, MINHA SÍNTESE, MINHA DIALÉTICA."

(Ivone Gebara)

A prática da dialética nos leva para o mundo das ideias e dos princípios. Chama-se, neste caso, "dialética ascendente". A seguir, a "dialética descendente" nos devolve para o mundo concreto, fazendo-nos pensar em como aplicar aquelas ideias e princípios nas situações do dia a dia.

Descendo e subindo dialeticamente, o corpo docente pratica o movimento circular do pensamento abstrato ao pensamento aplicado e do pensamento aplicado ao pensamento abstrato. As experiências cotidianas alimentam a reflexão. Nossa reflexão nos torna aptos para o trabalho em sala de aula. Ali, aferimos se nossas ideias são adequadas e descobrimos novas ideias e princípios.

Teoria e prática. Prática e teoria. Teoria e prática conversando entre si. Teoria dialetizando a prática e a prática dialetizando a teoria.

Sejamos práticos, estudemos as teorias. Sejamos teóricos, estudemos as nossas próprias práticas. A dialética nos orientará para uma convergência de esforços em vista de um bem maior: a causa da educação.

SUGESTÃO

Participe de cursos e oficinas onde possa praticar a dialética.

Discernimento

Chamava a atenção do pensador alemão Martin Heidegger o fato de algumas pessoas terem o discernimento fisionômico para ler toda uma vida no rosto de alguém, ou o discernimento histórico-sociológico para captar a identidade de um povo a partir do quadro de uma época.

Discernir, nesses dois exemplos, é enxergar o todo num aspecto, é perceber a realidade maior num detalhe pequeno. Requer olho clínico, que se obtém depois de muita experiência e aprendizado. Graças ao discernimento pedagógico, também nós temos condições para perceber o contexto, lendo apenas algumas linhas do texto...

Outra forma de discernimento, de apreender o todo em suas diferentes nuances, consiste em tomar distância. Quando demasiadamente envolvidos, sentimos uma dificuldade quase intransponível para compreender coisas óbvias. Mesmo que nos digam que o óbvio está um palmo adiante do nosso nariz, a dificuldade persiste. Aliás, persiste justamente porque estamos com o nariz próximo demais do que é óbvio!

Imagine que, numa partida de xadrez, você é uma das peças dentro do tabuleiro. Uma peça no meio das outras não sabe ao certo o que está fazendo ali, e não consegue mover-se por conta própria. Sair do meio das peças e assumir a posição do jogador é tornar-se capaz de olhar o tabuleiro de cima, avaliando o panorama, e, aí sim, ter autonomia para mover uma peça.

Ao nos distanciarmos um pouco de situações complexas, nós nos livramos de suas garras, conseguimos questioná-las em distintas perspectivas, imaginar estratégias, pensar com clareza.

Recuar pode ser a melhor maneira de avançar.

"O BEM ESTÁ NO MEU DISCERNIMENTO AO ESCOLHER, E NÃO NO OBJETO DA ESCOLHA."

(Sêneca)

Um terceiro tipo de discernimento está expresso nesses versos do poeta português Carlos Queiroz:

Ver só com os olhos
É fácil e vão:
Por dentro das coisas
É que as coisas são.

A escola e a universidade deveriam ser lugares de discernimento, nos quais professores e estudantes vissem por dentro a realidade das coisas.

Dentre os conselhos que Baltasar Gracián (século XVII), um dos maiores escritores espanhóis, ofereceu no livro *A arte da prudência*, está o de número 146:

As coisas geralmente não são o que parecem. A ignorância, que nada vê além da casca, muitas vezes se transforma em desengano quando penetra no interior das coisas. Em tudo, a mentira chega primeiro, arrastando consigo os tolos numa vulgaridade infindável. A verdade chega sempre depois, em último lugar, coxeando junto com o tempo. Quem é sensato reserva um dos ouvidos para a verdade, agradecendo a mãe comum, a Natureza, por nos tê-lo dado em dobro. O acerto vive retirado em seu interior, de modo a ser mais estimado pelos sábios e os discretos.

Devemos aprender a enxergar o íntimo das pessoas e o âmago dos fatos.

Gracián menciona, além da visão, a audição. Tendo dois ouvidos receptivos, podemos ouvir a mentira com um e, com o outro, a verdade. A sabedoria da escuta nos dirá que a mentira é mais rápida, mas que a verdade sempre chega.

Como obter esse tríplice discernimento? Existirá uma fórmula mágica? Uma pílula infalível? Um colírio milagroso? Um aplicativo que possamos baixar no celular?

O discernimento constrói uma ponte entre os grandes valores e as ações concretas, entre o conhecimento teórico e a vida prática, entre as ideias pedagógicas e as realidades educacionais.

SUGESTÃO

Uma das chaves do discernimento está em colocar em prática, primeiro, os conselhos que damos aos outros.

Docência

Ao falarmos em docência, devemos lembrar o quanto é importante a formação docente continuada. Porque ser professores é, sobretudo, aprender sempre. E, aprendendo, ensinar por transbordamento.

Como escreveu Dermeval Saviani no livro *A pedagogia no Brasil: história e teoria*, "A docência é o eixo sobre o qual se apoia a formação do educador". Não perder de vista esse eixo nos permite articular as demais questões em torno do essencial.

Sendo a docência o centro das nossas atenções, é preciso perguntar-nos uma vez mais: qual a sua função? Darcy Ribeiro dava a seguinte resposta:

> *A docência deve exercer-se como uma oferta livre da qual cada estudante tirará o proveito de que é capaz; porém deve ser transmitida com a preocupação simultânea de descobrir e cultivar talentos e de aproveitar ao máximo a capacidade real de cada estudante.*

Significativo que nesse trecho apareça a figura do estudante. De fato, não há docência sem discência, nem professores sem alunos. Os professores aprendem e, porque aprendem, ensinam com largueza de espírito. Dos alunos se espera que recebam de modo ativo, com o máximo interesse, aquilo que lhes é ensinado.

Ensinar é correlativo a aprender. A docência encontra seu sentido no aprendizado. Assim, precisamos verificar se aquilo que ensinamos está sendo realmente aprendido. E descobrir por que o aprendizado, eventualmente, não está ocorrendo.

Nada disso implica identificar os "culpados".

Culpar alunos ou professores só aprofunda abismos e torna os desertos ainda mais áridos. A melhor postura está em aumentar nossa responsabilidade como especialistas em aprendizagem. Devemos detectar com clareza os obstáculos que impedem alguns alunos de aprenderem, ajudando-os a transpor esses obstáculos.

Um dos obstáculos mais comuns reside em não se perceber em que medida determinado conhecimento vale a pena ser assimilado. Um tema de estudo que desperte o interesse, que mobilize os talentos dos alunos será considerado por eles merecedor de um esforço maior de apreensão e apropriação.

"SEMPRE PENSEI QUE A ESCOLA, ANTES DE TUDO, SÃO OS PROFESSORES."
(Daniel Pennac)

As palavras "interessante" e "interesse" têm, em sua formação etimológica, o verbo latino *esse*, que significa "ser". O interessante atrai o meu interesse, pois é algo ligado ao "ser", à "essência" da vida (e aqui reaparece o verbo *esse*).

A docência, bem exercida, procura criar conexões entre a vida e o conteúdo curricular, entre a vida e as ciências, entre a vida e os livros, entre a vida e a escola.

Mas... "o que é a vida?", para lembrarmos a pergunta feita em tom irreverente pelo ator e diretor de teatro Antônio Abujamra aos seus entrevistados no programa televisivo *Provocações*. O que é a vida, com a qual a docência precisa lidar, se quisermos que os alunos aprendam melhor?

Como um professor obcecado por uma ideia fixa, Abujamra ouviu as mais diferentes respostas a essa recorrente indagação. A cantora Maria Alcina respondeu que "a vida é uma cilada"; o humorista Rafinha Bastos disse que "a vida é todos os chavões que alguém possa imaginar"; para o *rapper* Emicida, "viver é você sentir saudade de uma época boa e tentar buscar ela de volta".

O "segredo" da docência está em descobrir a ligação entre os conteúdos a serem ensinados e a realidade viva dos estudantes.

SUGESTÃO

Responda diante do espelho à seguinte pergunta: "O que é a vida?".

Dúvida

Assim como seria bom criarmos uma disciplina chamada "errologia", com a qual estudaríamos os diversos tipos de erros e sua fecundidade para o aprendizado, poderíamos também estudar a dúvida por meio da "duvidologia".

A dúvida provoca a pesquisa. Se houver uma duvidologia, saberemos transformar as dúvidas em certezas adequadas, não fanáticas. É duvidando que se aprende.

Suportar a dúvida é fundamental. Jung dizia que "quem não suporta a dúvida, não suporta a si mesmo". Suportar o peso da dúvida faz a inteligência desenvolver sua própria musculatura. Encaremos a dúvida com naturalidade.

Alguns poderiam considerar o elogio da dúvida um "pecado pedagógico". No entanto, duvidar é tão comum em nós quanto ver, ouvir, tocar, cheirar, saborear, imaginar, lembrar, pressentir, intuir, sonhar... Há algo de doloroso na dúvida, disso não tenhamos dúvida! Mas também existem lembranças que doem, sonhos assustadores, sons irritantes, sabores desagradáveis etc.

A duvidologia, como parte da didática, nos ensinaria a trabalhar positivamente com os elementos perturbadores que a dúvida costuma trazer consigo: inseguranças, hesitações, receios, perplexidades, espantos...

Como nos comportar diante de um impasse? O que fazer quando deparamos com um dilema? O "ser ou não ser" não é apenas uma frase shakespeariana isolada. Enquanto for impossível negar ou confirmar determinada proposição, nosso papel consiste em procurar evidências concretas e raciocínios fidedignos.

**"SEM A DÚVIDA, NÃO HÁ A POESIA.
SEM A POESIA, NÃO HÁ A FILOSOFIA.
SEM A FILOSOFIA, NÃO HÁ O ESPANTO.
SEM O ESPANTO, NADA PRESTA."**
(Gustavo Bernardo)

A duvidologia nos pede confiança na ciência e em nossa inteligência. Confiando em nossa capacidade de conhecer, olhamos para as dúvidas com bons olhos. Os cientistas amam as dúvidas. A partir delas nascem suas melhores investigações. A ciência transforma a dúvida opressiva em dúvida científica, em dúvida produtiva.

Entre a plena certeza e a dúvida absoluta, existe um grande território de verdades parciais, convicções insuficientes, opiniões mais ou menos firmes, hipóteses, suspeitas, palpites, preconceitos envergonhados, crenças não verificadas, ideias confusas, sem falar dos equívocos dos quais ainda não tomamos consciência.

Duvido, logo penso. Assim Agostinho encarava a dúvida:

> *Quem sabe que duvida sabe a verdade, e está certo disso que sabe: logo, está certo da verdade. Portanto, quem duvidar de que exista a verdade, já tem em si mesmo uma verdade, a verdade de que não pode duvidar, já que nenhuma coisa verdadeira é verdadeira sem a verdade. Portanto, não deve duvidar da verdade quem pôde por uma só vez duvidar.*

Em lugar de evitar as dúvidas, o professor checo-brasileiro Vilém Flusser, no seu livro *A dúvida*, faz uma série de considerações que mostram a complexidade desse estado de espírito. Em dose moderada, diz ele, a dúvida é estimulante. Em excesso, pode paralisar nossa atividade intelectual. Um de seus maiores benefícios é nos proteger da ingenuidade. Uma pitada de dúvida nos afasta das certezas cegas e arrogantes. Estas já inventaram o campo de concentração e a bomba atômica.

Não somos meros canais transmissores de conhecimento perfeito. Sem espaço para a dúvida, bastam as máquinas de ensino programado, os robôs e os aplicativos.

Duvidar é humano!

SUGESTÃO

Olhe para as suas dúvidas
com um sorriso nos lábios.

Escola

O educador e pesquisador Louis Legrand lembra que um dos principais objetivos atribuídos tradicionalmente à escola é "transmitir às crianças conhecimentos e competências intelectuais necessários para a compreensão da própria cultura".

Essa definição, no entanto, pressupõe uma realidade social que vem se reconfigurando desde a década de 1960, com a popularização da televisão, do telefone, do computador e de outros aparelhos eletrônicos que transformaram nosso modo de adquirir conceitos, assimilar instruções e adotar comportamentos.

Hoje, o celular se tornou uma poderosa ferramenta multimídia interativa nas mãos de bilhões de pessoas no mundo inteiro, colocando em xeque a ideia da sala de aula, da biblioteca, da quadra esportiva e do próprio laboratório de informática como lugares por excelência do aprendizado dentro da escola.

Conseguirá a escola manter-se como ambiente de interesse, como lugar de encontro e convivência entre gerações (professores e alunos, mais as suas famílias) e entre os diversos tipos de gente, lugar de socialização e humanização, de compreensão dos valores da cidadania, da solidariedade, do respeito mútuo, lugar por excelência da educação, em que se pode vislumbrar o sentido das coisas e da vida?

"NA ESCOLA, CRIANÇAS E JOVENS PRECISAM NÃO SÓ DAQUILO QUE TEMOS, MAS SOBRETUDO DAQUILO QUE SOMOS."
(Edith Stein)

Uma das mais novas (e urgentes) funções da escola, hoje, consiste em despertar e aprimorar nos alunos a capacidade de discernir a diferença entre o que é *fake* e o que é fato, entre o que é mentira e o que é informação confiável, entre o que é manipulação e o que é orientação.

Qualquer um de nós tornou-se, potencialmente, uma espécie de mentor capaz de reunir em sua própria página, ou portal, ou canal um número imprevisível de "discípulos". Há youtubers com milhões de seguidores. Pessoas das mais diferentes origens apresentam-se como especialistas em história, filosofia, medicina, psicologia, sexologia, religião, política, cinema, investimento na bolsa de valores, atividades manuais, condicionamento físico, culinária... e, na verdade, muitas delas atuam, sim, como bons professores, formando ao seu redor comunidades de conhecimento.

Mas há também um número astronômico de indivíduos que abordam assuntos complexos sem o menor preparo, infestando as redes sociais de desinformação. Dão certa razão a Umberto Eco que, discursando numa cerimônia acadêmica na Itália, em 2015, observou que o drama da internet era ter concedido demasiado espaço para uma "legião de imbecis", convicta de que pode escrever e falar o que lhe der na telha: "O bobo da corte foi promovido a portador da verdade".

Apesar da generalização injusta, não podemos passear pela web sem filtrar, selecionar e criticar seu conteúdo multivariado. Na escola, em princípio, estamos num ambiente em que a busca do conhecimento é mais importante do que receber likes, viralizar vídeos ou fomentar o narcisismo de celebridades... e de subcelebridades.

A escola é o lugar do encontro entre as pessoas e o conhecimento. Esse encontro, por sua vez, se dá em virtude do encontro interpessoal, com toda a riqueza que isso implica. Como fomentar essa pedagogia do encontro? Como praticar a cultura do encontro? Como exercitar a criatividade humanizadora? Como fazer da escola a ponte entre o mundo privado de cada indivíduo e a sociedade?

A escola deve ser espaço de convivência em que se desenvolvam práticas científicas, éticas, estéticas, lúdicas e afetivas, conjugadas à pesquisa, à leitura reflexiva, ao estudo, ao diálogo, promovendo diferentes modos de inserção social.

SUGESTÃO

Leve para a escola a bagagem mais importante: suas experiências de vida.

Filosofia

Problemas não faltam no cotidiano escolar.

Pensemos, por exemplo, no *bullying* (e em sua modalidade *cyberbullying*) e nas situações de discriminação ligadas ao racismo, ao machismo, ao capacitismo, à homofobia etc. Pensemos no consumo de substâncias psicoativas, na gravidez precoce, nos casos de abuso e violência dentro da família, nas questões ligadas à saúde mental e emocional, ao suicídio infantil e juvenil. Sem falar das dificuldades (corriqueiras) em relação ao próprio aprendizado curricular.

Tais problemas podem ser analisados por vários ângulos. Podemos recorrer à psicopedagogia, à sociologia, à neurociência. Filosoficamente falando, porém, trata-se de temas sobre os quais iremos pensar conceitualmente (1º passo), a fim de elaborar um discurso racional, coerente, rigoroso e esclarecedor (2º passo), oferecendo possibilidades de ação ponderada (3º passo).

Qual a utilidade da filosofia de modo geral, e para a educação, de modo particular?

Uma cabeça antifilosófica fará a seguinte argumentação: se eu digo A = A, eis uma verdade óbvia, e não vale a pena perder tempo com isso; se eu digo A = B, e todo mundo sabe que A ≠ B, eis uma falsidade óbvia, e também não vale a pena perder tempo com isso. Logo, a filosofia é inútil.

Uma argumentação reducionista como essa já corresponde, no entanto, a uma tentativa de fazer filosofia, na medida em que suscita algumas perguntas de caráter conceitual e metodológico, às quais o argumentador antifilosófico precisará responder. Perguntas do tipo: "Como você define 'verdade'?", "Qual o conceito de 'obviedade'?", "Se a filosofia é inútil, o que seria útil no âmbito do pensamento?", "Quando você se refere a 'todo mundo', em quem está pensando?", "A ideia de 'perda de tempo' não seria positiva, se você descobrisse que vale a pena distinguir o falso do verdadeiro?".

"O SABER É SUA PRÓPRIA RECOMPENSA."
(Paulo Henriques Britto)

Talvez alguém pudesse alegar que a filosofia é útil para o desenvolvimento da inteligência, mas deixa a desejar quando precisa apresentar soluções práticas para problemas como os que mencionamos parágrafos atrás.

Em que a filosofia pode ajudar no combate ao *bullying*? Ou no caso da ideação suicida? Ou com relação ao mundo dos afetos e emoções? O mais interessante é que as perguntas sobre a função da filosofia... são perguntas filosóficas!

Conforme dizia Aristóteles, até para negar a filosofia precisamos fazer filosofia.

O pensador estadunidense Max Weismann, em seu prefácio ao livro *Como pensar sobre as grandes ideias*, de Mortimer Adler, escreveu:

Todos nós pensamos – de modo satisfatório ou desleixado, entusiasmado ou desatento. A mais simples percepção dos sentidos – uma folha que cai, uma estrela que brilha, um bebê que sorri – desperta nossas mentes, assim como estimula nossos sentimentos, e nos força a perguntar: Por quê? O quê? De onde? Para onde?.

As perguntas da citação acima nos guiam para fora da caverna da ignorância, e, então, teremos lucidez para equacionar melhor todo e qualquer problema.

Formular essas perguntas (e outras semelhantes) é comum, certamente, mas não será algo trivial, se nossa vontade de indagar estiver acompanhada pela intenção de aprofundamento e clareza, em diálogo com o trabalho de reflexão já realizado por outros filósofos há séculos.

A filósofa Hannah Arendt, num de seus textos, deixou claro o propósito de compreender o papel da educação em todas as civilizações. Afinal, qual a essência da educação? A resposta a essa pergunta crucial jogará luzes sobre as possíveis soluções aos problemas humanos no âmbito escolar.

SUGESTÃO

Descubra a filósofa ou
o filósofo que existe em você.

Genialidade

Para Schopenhauer, pessoas geniais são aquelas que fazem e ensinam coisas que não aprenderam de ninguém. São geniais porque leram diretamente no livro do mundo e se tornaram focos luminosos para milhões de outros seres humanos.

Essa explicação é questionável. Mesmo os grandes gênios (Leonardo da Vinci e Sofonisba Anguissola, Mozart e Clara Schumann, Marie Curie e Einstein, Safo de Lesbos e Heráclito, Joana d'Arc e Napoleão Bonaparte, Lou Andreas-Salomé e Nietzsche, Frida Kahlo e Picasso, Diego Maradona e Nadia Comăneci) tiveram seus mestres. Ninguém nasce sabendo, frase esta que se tornou lugar-comum, mas certamente foi considerada genial quando alguém a formulou pela primeira vez...

Faz sentido, porém, pensar que todo gênio supera seus professores e, destacando-se do meio da multidão, integra-se a uma imensa minoria dentro da humanidade. Imensa e significativa minoria, pois "a maioria de nós olha, mas o gênio enxerga", nas palavras do jornalista Eric Weiner.

O olhar da pessoa culta está ligado àquilo que aprendeu, e isso lhe dá condições para retransmitir esse conteúdo. A genialidade, contudo, consiste em perceber, naquilo que é ensinado, algo que não estava visível, e em produzir uma obra (científica, artística, cultural, política, tecnológica, esportiva etc.) de altíssimo nível. "Todo gênio tem que pelo menos inventar uma coisa", escreveu Clarice Lispector, com uma ponta de ironia.

"OS GÊNIOS SÃO CRIATIVOS NO MAIS ALTO GRAU."
(Alfonso López Quintás)

A genialidade nem sempre é imediatamente identificada. O poeta Affonso Romano de Sant'Anna disse numa entrevista que só se deu conta de que Clarice Lispector era genial muito tempo depois de conhecê-la. Não é raro que isso aconteça, pois a criatividade consiste justamente em exceder os critérios de julgamento em vigor e localizar-se muito acima da média. Aliás, demonstra inteligência (e possível genialidade) quem constata a genialidade de outro alguém, como no caso do genial Kant em relação ao genial Jean-Jacques Rousseau:

> *Em Rousseau o leitor acha-se diante de um espírito de rara penetração, de um nobre ímpeto de genialidade e de uma alma plena de sensibilidade, num grau tal que talvez nunca algum escritor em qualquer tempo ou em qualquer país tenha possuído dons semelhantes.*

Num belo estudo sobre Mozart, o sociólogo Norbert Elias comenta que o compositor austríaco sabia que a maioria dos nobres da corte parisiense não tinha a menor noção do valor de seu trabalho musical e da excepcionalidade de seu talento.

A preocupação em definir a genialidade começou na Europa, há dois séculos, quando cresceu a consciência de que um único indivíduo poderia tornar-se referência de uma nova etapa criativa em algum campo do saber humano. O gênio seria aquele que, deixando de imitar um modelo tradicional, produz um novo modelo.

Modelos inovadores não obtêm aplausos muito facilmente. Quanto mais genial uma pessoa for, maior o risco de enfrentar a incompreensão dos seus contemporâneos. Ao analisar esse tema, Jung atentou para "o anseio de um Schopenhauer, de um Nietzsche, por reconhecimento e compreensão, o desespero e a amargura de sua solidão". Gênios não veem graça nenhuma no simples fato de serem geniais. Precisam também da aceitação alheia. Precisam de acolhimento.

Não esqueçamos que uma pessoa genial continua a ser uma pessoa humana, capaz de abrir um caminho inédito que ela, no entanto, deseja trilhar ao lado de outros, sejam estes seus amigos, discípulos ou admiradores.

SUGESTÃO

> Desenvolva sua inteligência identificando a genialidade presente na atividade de outras pessoas.

Humanismo

Uma das mais importantes obras da filosofia francesa, *O espírito das leis*, de Montesquieu, publicado no século XVIII, revela em suas páginas um autor com inúmeras preocupações, que vão das questões jurídicas à economia, da religião à história, da educação à condição das mulheres. Tal amplitude de interesses e a profundidade com que escreveu levaram seus admiradores a dizerem que ele era francês apenas por acaso, mas era necessariamente um ser humano.

O humanismo, nesse sentido, é uma concepção de vida que enfatiza as qualidades e potencialidades do ser humano para além de todas as fronteiras. Em especial, o humanismo valoriza as nossas escolhas, o nosso autogerenciamento, a nossa capacidade de mudar o mundo, de decidirmos sobre nosso destino.

Mas há outras formas de encarar esse tema.

Há quem acredite, por exemplo, que o humanismo exagera a importância do ser humano, ao colocá-lo equivocadamente no centro do universo. Como se fôssemos pequenos deuses todo-poderosos, teríamos extrapolado os limites, causando o desequilíbrio ecológico, prejudicando nossa própria sobrevivência num planeta cujos recursos não são infinitos.

De fato, se o humanismo fosse um passe livre para que o ser humano, como uma criança mimada e autoritária, usasse e abusasse de tudo o que está ao seu alcance, consumindo e descartando os conteúdos da realidade, tal humanismo antropocêntrico deveria ser abolido.

Em termos pedagógicos, precisamos de uma interpretação autenticamente humanista do ser humano, uma interpretação que enfatize a nossa responsabilidade perante a própria humanidade.

Assim, ser humanista significaria pensar e agir para tornar possível o bem-estar de todos. Eis um dos ideais que deve ocupar o âmago dos nossos pensamentos. Combateremos, portanto, tudo o que nos torna inumanos, tudo o que seja barbárie e rebaixa a nossa dignidade.

"TODOS SOMOS PROTAGONISTAS, HERÓIS DE NOSSA PRÓPRIA VIDA."

(María Zambrano)

Dentre as facetas da formação humanizadora, podemos ressaltar o nosso aprendizado em relação à linguagem.

O psiquiatra húngaro Thomas Szasz, num dos capítulos de *A teologia da medicina*, defendendo a necessidade de sermos mais precisos quanto ao termo "humanismo", a fim de transcender o simples autoelogio, defendia igualmente "o uso disciplinado e honesto da linguagem". Pretendia evidenciar que, na linguagem, reencontramos nossa condição humana. A título de argumento, reproduzia uma história contada pelo ensaísta britânico Erich Heller:

> *Certa vez, faz muito tempo, um dos discípulos de um sábio chinês perguntou-lhe o que faria em primeiro lugar, se tivesse poder para solucionar os problemas do país. Respondeu o sábio: "A primeira coisa seria cuidar para que a linguagem fosse usada corretamente". Os discípulos se entreolharam, perplexos, e disseram: "Mas isso não é tão importante assim. Este problema é secundário e trivial". E o Mestre replicou: "Se a linguagem não for usada corretamente, o que se diz não será o que se quer dizer; se o que se diz não for o que se quer dizer, o que deveria ser feito ficará por se fazer; se o que é preciso fazer não for feito, a moral e a arte se corromperão; se a moral e a arte se corromperem, a justiça se desencaminhará; se a justiça se desencaminhar, as pessoas ficarão indefesas e imersas numa grande confusão".*

Cuidar da nossa linguagem é cuidar da nossa humanidade. É salvá-la da anomia e do desvario. Para dizer o que quero dizer, preciso pensar com justeza e com justiça.

O que nós, professores, dizemos aos alunos é decisivo.

SUGESTÃO

Nós somos aquilo que dizemos e dizemos aquilo que somos. Reflita.

Imaginação

Nise da Silveira, no livro *Jung: vida e obra*, conta que o criador da psicologia analítica teve sérias dificuldades na disciplina de desenho em seus anos escolares na Suíça:

> *Uma total inaptidão fez que eu fosse excluído das aulas de desenho. Fiquei em parte satisfeito porque assim dispunha de mais tempo livre; mas era também uma nova derrota, pois eu tinha certa habilidade espontânea para o desenho, quando este dependia essencialmente de meu sentimento, coisa que eu ignorava na época. Só sabia desenhar aquilo que ocupava minha imaginação. Entretanto, impunham-me copiar modelos de divindades gregas de olhos cegos, inexpressivos. Desde que isso não ia bem, meu mestre pensou sem dúvida que eu tinha necessidade de objetos "naturais". Colocou diante de mim a reprodução da cabeça de uma cabra. Fracassei completamente e desse modo chegou ao fim meu curso de desenho.*

A atitude do professor é reveladora de uma dificuldade não do aluno, mas do próprio professor. Primeiro, ele propôs ao estudante que copiasse modelos da arte clássica que nada comunicavam de interessante ao jovem Jung. Depois, acreditando ter encontrado uma boa alternativa, apresentou-lhe um modelo "natural", e pela segunda vez o aluno fracassou...

Na verdade, porém, foi a escola que fracassou nesse episódio.

O professor de desenho não soube criar uma terceira proposta, que seria a de ele conhecer a habilidade espontânea que o estudante já possuía e, a partir daí, ajudá-lo a desenvolver seu desenho imagético.

No fundo, estamos diante de uma antiga desconfiança dos sistemas racionalistas com relação à imagem mental, conforme nos alerta Michel Tardy em *O professor e as imagens*. Nesta obra, em que esboça uma pedagogia da imagem, o autor lembra que com frequência a imaginação foi alvo de perseguições por parte do mundo intelectual, acadêmico e religioso e, muitas vezes, teve que se exilar no mundo da poesia, da arte... e do sonho.

"A IMAGINAÇÃO SEM FREIOS É COMO UM RAIO NO MEIO DA NOITE: ABRASA, MAS ILUMINA O MUNDO."
(Rosa Montero)

A imaginação, mais do que mero instrumento para o exercício da inteligência, como alguns filósofos admitem, é, ela mesma, inteligência e poder criativo. Colocá-la em ação não é fugir do mundo do conhecimento confiável. Imaginar não é perder-se no ficcional ou no ilusório, mas produzir visões com novos significados e sentidos.

O educador e músico Stephen Nachmanovitch recomenda que experimentemos as possibilidades da imaginação, libertando essa força tempestuosa que há dentro de nós. Tal como se instalou em ambientes empresariais, a partir da década de 1960, a técnica do *brainstorming*, podemos adotar, por analogia, o *handstorming*, que consiste em escrever ou digitar sem medo da experimentação.

Para músicos, o *handstorming* abre caminhos insuspeitados de combinações melódicas. Para desenhistas, surgem traços e formas inesperadas. Qualquer pessoa de qualquer idade pode adotar essa técnica libertadora, brincando de Lego, por exemplo, ou projetando com as mãos, ao estilo do antigo teatro de sombras, imagens oníricas numa parede ou tela.

Ampliando a analogia, por que não praticarmos o *earstorming*, escutando e identificando os inúmeros sons que nos rodeiam, e o *eyestorming*, abrindo-nos para nosso entorno como quem vai comer a realidade com os olhos?

Em *O imaginário na relação pedagógica*, Marcel Postic escreveu que é "pelo imaginário que o aluno afirma a sua liberdade". Essa afirmação criativa, por vezes rebelde e questionadora, deve ser apoiada e orientada. Deuses e demônios trazem mensagens, que saberemos interpretar graças a uma adequada formação docente.

SUGESTÃO

Valorize a sua imaginação. Ela tem muito a ensinar.

Inteligência

Precisamos pensar com inteligência para entender o que é a inteligência humana.

Trata-se de uma constatação, na qual se esconde um possível paradoxo: seria possível alguém pensar de modo não inteligente?

Ainda há quem associe inteligência à memorização de informações. Há quem maneje bem essa capacidade e consiga provocar admiração pelo fato de lembrar definições, fórmulas, nomes e datas históricas. Se essas definições, fórmulas, nomes e datas históricas não forem úteis para o aprendizado mais importante, que consiste em adquirir *insights* e ampliar ou aprofundar a compreensão da realidade, o que teremos será apenas acúmulo de definições, fórmulas, nomes e datas históricas...

Poderá alguém dizer que lembrar definições, fórmulas, nomes e datas históricas é sinal de inteligência. Sim, mas a inteligência não é uma central mnemônica.

Um aspecto importantíssimo da inteligência é a curiosidade. A palavra "curiosidade" tem parentesco com conceitos novos e antigos. Uma pessoa curiosa é aquela que procura saber. Nessa busca, atua de modo acurado, ou seja, com atenção, com rigor, com interesse. Ao encontrar as informações que procurava, exerce uma curadoria, um trabalho de organização. Não descura de nada. Preocupa-se em assegurar a veracidade das informações e dos dados obtidos.

Contudo, por mais aguçada e faminta que seja a nossa curiosidade, o que fazer com tudo o que encontramos em nossas pesquisas?

"É A INTELIGÊNCIA QUE VÊ E OUVE; É A INTELIGÊNCIA QUE TUDO APROVEITA, QUE TUDO ARRUMA, QUE AGE, QUE DOMINA E QUE REINA: TODAS AS OUTRAS COISAS SÃO CEGAS, SURDAS."
(Michel de Montaigne)

Além de basear-se na memória e alimentar-se da curiosidade, a inteligência se manifesta na arte de combinar elementos distantes entre si ou aparentemente inconciliáveis. Um exemplo excelente, na literatura, é a obra de Augusto dos Anjos. Em seu único livro, com o concisíssimo título *Eu* (1912), o poeta paraibano emprega termos da divulgação científica, informações históricas, referências literárias e noções filosóficas em versos impregnados da ênfase retórica que aprendera com Charles Baudelaire e Antero de Quental. Leiamos o poema "Insânia de um simples":

Em cismas patológicas insanas,
É-me grato adstringir-me, na hierarquia

Das formas vivas, à categoria
Das organizações liliputianas;

Ser semelhante aos zoófitos e às lianas,
Ter o destino de uma larva fria,
Deixar enfim na cloaca mais sombria
Este feixe de células humanas!

E enquanto arremedando Éolo iracundo,
Na orgia heliogabálica do mundo,
Ganem todos os vícios de uma vez,

Apraz-me, adstrito ao triângulo mesquinho
De um delta humilde, apodrecer sozinho
No silêncio de minha pequenez!

Memorização, curiosidade, combinação... ainda assim a complexidade da inteligência nos pede anotações mais penetrantes, como penetrante é a própria inteligência.

Conforme já vimos, a etimologia de "inteligência" remete à equação *intus* + *legere* = "ler por dentro", com o sentido também de "interpretar".

Talvez por isso ler a inteligência por dentro seja a mais difícil das tarefas.

SUGESTÃO

Faça perguntas com mais frequência.

Intuição

A intuição precede a análise. É experiência única de iluminação interna. No capítulo anterior, definimos a inteligência como uma leitura interpretativa. A intuição percebe algo como autoevidente e incontestável.

A inteligência sai de si em busca de argumentos. Quer ver. Quer explicar. Está pronta para o debate. A intuição apenas arregala os olhos diante da realidade nua.

Numa breve crônica, o crítico de arte e poeta maranhense Ferreira Gullar conta que teve, certa vez, uma intuição poética: a girafa como a própria imagem da solidão. Simplesmente isso. Intuiu. Percebeu. Sem recorrer a nenhum tipo de raciocínio. Num segundo momento, teve acesso a informações que corroboravam aquela intuição:

> *Consulto o fascinante livro* Mamíferos, *editado pelo MEC, aprendo que, nas horas de aflição, as girafas gemem baixinho – é a sua fala. E, para confirmar minha intuição, leio que, por ter pescoço tão comprido, a girafa não consegue lamber o próprio corpo. É a companheira quem faz esse serviço para ela. Quer dizer que uma girafa solitária não*

se basta, nem pra se coçar. A forma diz tudo. O pescoço a distancia de si mesma.

O cronista conclui que "todo homem solitário é uma girafa", percepção igualmente poética, que dá margem a dissertarmos sobre a cultura do encontro, sobre a necessidade que o ser humano tem de exercitar a mútua ajuda.

A intuição é conhecimento direto daquilo que é. Não é irracional, mas, correndo por fora do discurso racional, provoca reflexões. Mesmo as intuições mais certeiras convidam a um trabalho intelectual posterior.

Agatha Christie, em seu romance policial *O assassinato de Roger Ackroyd*, usando a voz do detetive Poirot, descreve o surgimento de uma intuição: trata-se de observar pequenos pormenores, num estado de subconsciência, reuni-los todos e, por fim, chegar a conclusões surpreendentes.

A intuição atua em silêncio. Finge que não é com ela. Investiga na calada da noite. E, de repente, acerta o alvo. A intuição pede frases curtas. Nelas, diz tudo. Como as frases deste parágrafo.

"INTUIR QUER DIZER RECEBER O QUE SE DÁ."
(Jacques Derrida)

A intuição muitas vezes se oferece na forma de uma voz interior. Precisamos ouvi-la com clareza.

O psiquiatra José Ângelo Gaiarsa, no livro *As vozes da consciência*, afirmava algo insólito: "A finalidade última do homem é falar sozinho". Uma frase talvez ridícula, confessava o próprio autor. Mas essa frase nos diz algo. É uma frase espontânea. Nascida da intuição. Que provoca intuições.

Há uma voz dentro de nós. Essa voz pensa em nós. Faz-nos pensar além de nós mesmos.

Mas, atenção! A intuição, sozinha, pode tornar-se tirânica. Uma capacidade intuitiva que reinasse de modo absoluto, surda a qualquer voz concorrente, seria uma capacidade perigosa. Se a intuição deseja controlar tudo e, gritando, manda a inteligência calar-se, perde sua beleza e utilidade. Deixa de ser uma forma legítima de conhecimento. Em vez de ser intuição... torna-se intimação.

Boas intuições não são arrogantes nem ditatoriais. Estão dispostas a perceber suas limitações. Aceitam ser corrigidas por conceitos e raciocínios.

Façamos um acordo: que a razão crítica não impeça os voos da intuição, mas que a intuição saiba aceitar as críticas da razão. Esse acordo terá como mediadora uma terceira personagem: a sabedoria.

A tarefa docente requer boas intuições. Professores experientes captam problemas iminentes e soluções latentes dentro da sala de aula. A intuição vê coisas importantes. Num piscar de olhos.

SUGESTÃO

> A intuição tem razões
> que a razão pode conhecer.

Ironia

No sentido clássico, em que a postura do mestre Sócrates é sempre lembrada, ironia significa fingir que não se sabe nada sobre determinado assunto para que o interlocutor pretensioso revele saber menos ainda.

A ironia, porém, não se esgota nessa definição. Ao longo dos séculos, para além do contexto da Grécia Antiga, ganhou novos sentidos.

Há um tipo de ironia, por exemplo, que se identifica abertamente com o paradoxo, na concepção do pensador alemão Friedrich Schlegel, que viveu entre os séculos XVIII e XIX. Para ele, é fundamental perceber a relação constantemente tensa entre os mais diversos elementos antagônicos.

Um desses paradoxos está no fato de que sempre existe algo de incomunicável na comunicação humana. Por mais claro que um comunicador seja, pode permanecer incompreensível para muitos.

Outro paradoxo: sempre há muita seriedade em todo tipo de brincadeira.

Podemos admitir ainda um outro paradoxo, tipicamente pedagógico: o momento em que um professor chega à sua máxima capacidade de ensinar é quando também toma consciência de que precisa aprender mais.

Um dos maiores teóricos (e praticantes) da ironia foi o dinamarquês Kierkegaard, no século XIX. Segundo esse filósofo, a ironia pertence àquela pessoa que, ao compreender as exigências da ética, dá um novo salto (fruto da livre escolha), um salto que questiona uma vida programada pelos padrões socialmente aceitáveis, um salto que é o salto da fé, com o qual perderá a "respeitabilidade", convertendo-se muitas vezes naquele que é odiado pelas instâncias moralistas, inclusive nos ambientes mais religiosos.

Pessoas inteligentes tendem a cultivar a ironia. Entendem que a vida é bastante irônica por si só. O jesuíta espanhol Baltasar Gracián (século XVII) percebia que o amor em excesso é mais atrevido do que o ódio, de modo que podemos ser mais desrespeitados por aqueles que nos amam do que por aqueles que nos desprezam. Um dos seus conselhos mais irônicos era o de não darmos notícias ruins aos outros, a menos que pudéssemos oferecer alguma ajuda concreta. E outra observação espirituosa sua: "Quem não sabe como suportar os outros deve viver sozinho, se é que conseguirá tolerar a si mesmo".

"ATÉ O PIOR DOS LIVROS TEM UMA PÁGINA BOA: A ÚLTIMA."

(John James Osborne)

A ironia nos faz interpretar o mundo com saudável distanciamento, protegendo-nos da euforia tola e, ao mesmo tempo, do vitimismo estéril. A euforia provém da nossa superficialidade. O vitimismo, de nossa desnecessária profundidade...

Já se afirmou que a ironia é tão somente um modo elegante de ser perverso. Mas não se trata de perversidade, e sim, não raramente, de contundência. Ao contrário do zombeteiro e do sarcástico, o irônico diz o que pensa sem humilhar seu interlocutor ou adversário.

O diretor de cinema alemão Curt Goetz dizia: "A pessoa inteligente irrita-se com a burrice; o sábio diverte-se". Essa frase extremamente irônica revela pelo menos duas coisas. Que é melhor ironizar do que se irritar. E que há muita sabedoria na ironia... tanto quanto ironia na sabedoria.

A sabedoria irônica é uma virtude na arte de ensinar. O mestre irônico deseja que seu aluno se desprenda dele, pense por conta própria, supere-o, largue a sua mão assim que possível.

É de gosto duvidoso o desejo da tietagem. Por parte do tiete, sem dúvida. Mais ainda por parte do tietado. A ironia salvaria um e outro do ridículo.

SUGESTÃO

Em lugar da amargura e do rancor,
use a ironia.

Linguagem

A linguagem está em máxima conexão com os processos mentais.

Não seria o ato de pensar, se atentarmos bem para o que acontece em nossa mente, uma forma de falar consigo mesmo? E não seria o impulso para falar um jeito de cada pessoa dar tratos à bola?

As palavras puxam ideias e as ideias exigem palavras. A própria palavra "ideia" desencadeia... retira o cadeado de uma série de outras ideias que, por sua vez, solicitam termos específicos.

Quando empregamos uma palavra para designar alguma coisa, realizamos um pequeno esforço que, no entanto, é extremamente relevante. Ao dizermos "cadeira", vêm à tona todas as cadeiras do mundo, as que já existiram, as que existem, as que existirão... e as que jamais existirão.

Se isso que ocorre em relação ao mundo das coisas, dos objetos, já é extraordinário, pensemos no que significa o poder da linguagem em referência ao comportamento teórico, à elaboração de conceitos, à reflexão filosófica, à compreensão dos fenômenos mais sutis e complexos!

Assim, ao escrever sobre "educação", "intuição", "inteligência", "argumentação", "verdade", "racionalidade"... preciso de um considerável acervo de palavras com as quais irei abordar com precisão e clareza temas que continuam presentes nas mais fascinantes discussões do mundo escolar, do espaço acadêmico e para além deles.

No seu livro *Vendo vozes*, o neurologista Oliver Sacks escreveu:

> *Pode-se debater se a surdez é ou não "preferível" à cegueira quando adquirida não muito cedo na vida; mas nascer surdo é infinitamente mais grave do que nascer cego pelo menos de forma potencial. Isso porque os que têm surdez pré-linguística, incapazes de ouvir seus pais, correm o risco de ficar seriamente atrasados, quando não permanentemente deficientes, na compreensão da língua, a menos que se tomem providências eficazes com toda a presteza. E ser deficiente na linguagem, para um ser humano, é uma das calamidades mais terríveis, porque é apenas por meio da língua que entramos plenamente em nosso estado e cultura humanos, que nos comunicamos livremente com nossos semelhantes, adquirimos e compartilhamos informações.*

"NO CENTRO DO LABIRINTO DA LINGUAGEM NÃO HABITA O MINOTAURO, MAS O NOSSO PRÓPRIO E OCULTO CORAÇÃO."

(Ivonne Bordelois)

Com essa imagem do labirinto, a poeta e linguista argentina Ivonne Bordelois expressa o que há de misterioso e inesgotável na linguagem.

O labirinto simboliza um caminho enigmático. Não há como saber percorrê-lo previamente. É impossível sair do labirinto, pois nele nascemos e nos criamos, e nele devemos nos encontrar. O labirinto é o nosso *habitat*. As definições para a linguagem confundem-se com as definições da própria condição humana.

Somos seres de linguagem. Do ponto de vista quantitativo, tendo completado um ano de vida e estando em ambiente linguisticamente rico de possibilidades, uma criança pode aprender, em média, dez palavras novas por dia. Por volta dos sete anos de idade, conhecerá não menos de 14 mil palavras de diferentes campos da realidade. Dependendo das leituras que realize e dos estímulos conversacionais que receba, aos 20 anos de idade um adulto possuirá um vocabulário com, no mínimo, 50 mil palavras.

Do ponto de vista qualitativo, é necessário aperfeiçoar a compreensão e o uso dessas palavras. Boa parte do trabalho docente consiste em trazer para o diálogo do conhecimento uma linguagem ampla e rigorosa.

SUGESTÃO

Ganhe crescente intimidade com a linguagem, lendo textos bem escritos todos os dias.

Memória

O acesso à memória tem uma natureza associativa. A memória reúne e combina imagens, palavras, sons, cheiros, sensações, criando um fabuloso universo de referências, em vinculação com o que estamos vivendo aqui e agora.

Na dinâmica da memória, a participação da vontade não é desprezível. Somos assaltados involuntariamente por inúmeras lembranças, mas também podemos chamar, recuperar, evocar intencionalmente algo que esteja "escondido" ou "perdido" na memória. A expressão "puxar pela memória" aponta para o empenho em trazer elementos esquecidos para o espaço da nossa consciência.

No entanto, não estamos lidando com uma faculdade psíquica de fácil manipulação. Hoje, por exemplo, posso puxar da memória algo que fiz numa certa manhã de domingo, há três anos, e descrever tudo com riqueza de detalhes, embora talvez não consiga relembrar nada do que fiz há uma semana.

A memória não é um depósito material de coisas. Requer estratégias delicadas. Reconheçamos, porém, que o exercício mecanizado da memória tem sua eficácia.

Técnicas mnemônicas são úteis para quem precisa decorar conteúdos, nomes de pessoas, datas importantes, informações concretas. A ideia é "turbinar" a memória. Se ela fosse uma espécie de automóvel ou computador, o verbo seria apropriado. Seja como for, a memória "turbinada" ajuda o estudante a lembrar a fórmula geral da lei de Ohm, os elementos químicos da tabela periódica e as conjunções coordenativas e subordinativas.

Por outro lado, conhecemos por experiência pessoal a dimensão afetiva da memória. Não é por acaso que traduzimos com o verbo "decorar" as expressões *to learn by heart* e *apprendre par coeur*. Ao menos em inglês e francês, explicitou-se que memorizar é aprender pelo coração.

Menos visível, mas a etimologia evidencia, a palavra latina *cor* – "coração", que os antigos consideravam ser o lugar da afetividade, da memória e da inteligência – está igualmente na formação do termo "decorar".

Torna-se inesquecível, enfim, tudo aquilo que esteja associado às nossas emoções e sentimentos, sejam estes positivos ou negativos. Não esquecemos os momentos de amor e terror, de alegria e tristeza, de angústia e êxtase.

"PROCUREI-ME NESTA ÁGUA DA MINHA MEMÓRIA QUE POVOA TODAS AS DISTÂNCIAS DA VIDA."

(Cecília Meireles)

Numa sugestiva experiência literária, o escritor francês Georges Perec recolheu 480 fragmentos memorialísticos em torno da vida cotidiana, corriqueira. São recordações que vêm em forma de relâmpagos. O livro, de 1978, intitula-se *Eu me lembro*. Para franceses contemporâneos dele, tais lampejos devem ter trazido à mente muitíssimas outras cenas, frases e situações "arquivadas":

> *Eu me lembro da alegria que senti quando, tendo que fazer uma tradução do latim, encontrei num livro de Gaffiot a tradução já pronta de uma frase.*
> *Eu me lembro que comecei a colecionar caixas de fósforos e maços de cigarros.*
> *Eu me lembro da época em que era preciso esperar muitos meses ou até mais de um ano para ter um carro novo.*
> *Eu me lembro de quando me deixavam de castigo na escola.*

As lembranças individuais associam-se às lembranças coletivas. A memória social engloba tradições, cultura, costumes. Na escola, essa memória deve permanecer viva, uma vez que o ser humano, como escreveu Roberto DaMatta, "é o único animal que se constrói pela lembrança, pela recordação e pela 'saudade', e se 'desconstrói' pelo esquecimento e pelo modo ativo com que consegue deixar de lembrar".

SUGESTÃO

Faça e mantenha atualizada sua lista de lembranças significativas.

Mente

O físico e filósofo argentino Mario Bunge costumava distinguir a "mente aberta" da "cabeça vazia". A principal diferença entre as duas reside na capacidade crítica que aquela possui.

A mente aberta se exercita na crítica e na autocrítica. A mente aberta está disposta a revisar opiniões e aprender novos conceitos. A mente aberta põe em xeque os dogmatismos existentes na filosofia, na religião, na política, na economia etc. A mente aberta não pretende decifrar e compreender tudo, mas recebe ativamente as inúmeras possibilidades que a realidade oferece.

Já a cabeça vazia, ironizava Bunge, teria como principais funções usar bonés e cabecear bolas de futebol...

Para os antigos – mencionemos, por exemplo, Agostinho de Hipona, no século V –, a mente era considerada a parte superior da alma humana. Em outras palavras, a mente era a "porta principal" entre nós e a transcendência, a garantia de nossa preeminência sobre a vida instintiva.

A mente é o que, "dentro" de nós, nos leva para "fora" de nós e para "além" de nós. Esse "dentro", esse "fora" e esse "além" se reconhecem na consciência, que é como uma fronteira entre o mundo interno, o nosso "eu", e o entorno.

Numa direção exclusivamente horizontalizante, surge o conceito de mentalidade, que remete ao modo de pensar dominante em determinada época ou espaço social. Os valores, crenças e hábitos que definem o pensamento de uma coletividade constituem a sua mentalidade. Esta, por sua vez, assimilada pelo indivíduo, torna-se seu padrão de comportamento.

Um forte traço da mentalidade atual é a riqueza material como valor supremo.

Muitas vezes, julgamos uma escola ou uma universidade por sua capacidade em preparar os alunos para o sucesso profissional. O "empreendedorismo" torna-se a palavra-chave de todos os currículos. A educação financeira ganhará maior relevo do que a educação filosófica. A preocupação com as *soft skills* será mais determinante do que com as referências bibliográficas.

"A RIQUEZA DA MENTE É A ÚNICA VERDADEIRA RIQUEZA."
(Provérbio grego)

A nossa mentalidade não apenas aprecia a riqueza material, mas também a vê como algo que deve pertencer a um sujeito em concreto. O hiperindividualismo meritocrático aplaude os vitoriosos da vida, sejam eles empresários bem-sucedidos, cantores de *hits* do momento, *coaches* famosos, fundadores de igrejas, comediantes de *stand-ups*, campeões em algum esporte, *best-sellers*, apresentadores de *talk shows* e de programas de auditório, palestrantes na linha da autoajuda, gurus que têm respostas para tudo, ou youtubers, *podcasters* e *digital influencers* de modo geral que seduzem multidões nas redes sociais.

Mesmo que eu e você não sejamos reconhecidos como indivíduos que se destacam no meio do formigueiro humano, somos incentivados a desenvolver a autoestima, a fim de superarmos o risco do fracasso ou a eventual solidão. Não é difícil ler na internet postagens como esta: "No Dia dos Namorados, vou me dar um presente, porque eu me namoraria... e é isso o que vale".

Nossa maior riqueza, porém, consiste em cultivar a mente aberta, avaliando criticamente a mentalidade contemporânea, praticando o autorrespeito, reagindo à pobreza existencial, à falta de sentido da vida, à manipulação midiática que pretende nos reduzir a meros clientes, consumidores, espectadores ou seguidores.

A cabeça cheia de vazio nos força a aceitar a mediocridade como algo natural, e isso, de certo modo, nos tranquiliza.

Muito mais difícil é manter a mente aberta. E alerta.

SUGESTÃO

Como você define "sucesso"?

Pensamento

O pensador alemão Max Stirner fazia jus à qualificação de pensador, na medida em que se considerava o único proprietário dos seus pensamentos e responsável por eles. "São minhas criaturas", declarou ele.

A rigor, somos todos literalmente pensadores, pois criamos os nossos próprios pensamentos e, ato contínuo, podemos refletir sobre eles, organizando-os, corrigindo-os, desenvolvendo-os, aprofundando-os, alterando-os...

Haverá outra forma de pensar, a não ser por conta própria? Faz sentido dizer que alguém pensa... por conta alheia?

Somos pais e mães de nossos pensamentos. Eles existem à nossa imagem e semelhança. Isso inclui os pensamentos involuntários. Nossa surpresa, ao constatá-los em nossa mente, é a surpresa de vê-los lado a lado com os conteúdos mentais que elaboramos voluntariamente. E se porventura nós os rejeitamos, estamos admitindo que, por serem passíveis da nossa rejeição, também eles nos pertenciam.

O título deste livro, *Penso, logo ensino*, é uma paródia, entre centenas, da frase que expressa um princípio fundamental na obra de René Descartes: "Penso, logo existo". Esta formulação cartesiana, dada a sua concisão e incisividade, suscita o recurso paródico, mediante o qual surgem novas alternativas para a conclusão da frase, em articulação com o ato pessoal de pensar.

"O PENSAMENTO PARECE UMA COISA À TOA, MAS COMO É QUE A GENTE VOA QUANDO COMEÇA A PENSAR."
(Lupicínio Rodrigues)

Assim, na contramão de uma subjetividade exagerada, a ética dialógica dirá: "Penso, logo o outro existe". Segundo a concepção sociológica do controverso pensador Carl Schmitt, a máxima será: "Penso, logo tenho inimigos" (no sentido de inimigos políticos). Em termos estéticos, o chargista confessará: "Penso, logo desenho". Numa perspectiva religiosa pessimista, o escrupuloso se queixará: "Penso, logo eu peco". Numa perspectiva religiosa otimista, o esperançoso acreditará: "Penso, logo sou perdoado". Para quem olha o mundo cínica e egoisticamente, a conclusão será: "Penso, logo eu minto". Para quem tem coragem: "Penso, logo resisto". Para o filósofo teimoso: "Penso, logo insisto". Para o niilista: "Penso, logo desisto".

Na verdade, talvez a frase mereça ser virada pelo avesso, como o fez um personagem do escritor basco Miguel de Unamuno: "Penso, logo existo: tudo o que pensa é, e tudo o que é pensa. Existo, logo penso".

A educadora francesa Hélène Trocmé-Fabre, autora do livro *Aprendo, logo existo*, observa que, dentre os vários caminhos do aprendizado, um deles consiste em criticar o conjunto de ideias prontas que circulam entre nós. Criticar é perguntar:

Quais são os efeitos das nossas perguntas? Perguntar nos faz escapar do pensamento pronto, das falas prontas, das crenças prontas, abrindo-nos para o mistério do Outro, para o inesperado, para um horizonte mais amplo. Descobriremos quem somos nós precisamente em virtude de nossa atitude questionadora.

O professor John Allen Paulos, apologista da alfabetização matemática, ao praticar um pensamento bem-humorado, depara com o outro lado das coisas. No livro *Penso, logo eu rio*, apresenta um diálogo sobre o poder revelador das perguntas:

GEORGE: Peter Pan não existe!
MARTHA: Você está se referindo ao menino que voa pelos ares, luta contra o Capitão Gancho e que as crianças adoram?
GEORGE: Exatamente, ele não existe.
MARTHA: Quem não existe?
GEORGE: Peter Pan.

SUGESTÃO

Complete a frase: "Penso, logo eu...".

Perguntas

Existem perguntas melhores do que outras? As melhores perguntas são aquelas que permitem mais de uma resposta correta? E se a pergunta não quiser resposta alguma? Existem perguntas incorretas?

Que tipo de pergunta balança ideias fixas? Quem pergunta saberá mais ou saberá menos depois das respostas? Como ativar perguntas onde antes só havia respostas prematuras? Perguntas podem perder o prazo de validade? Perguntas antigas aceitam perguntas novas como resposta?

As perguntas seriam um tipo de pedido? E, quando fazemos um pedido, estaríamos, no fundo, fazendo uma pergunta? Prefiro formular perguntas ou receber perguntas? Quantas perguntas a mim mesmo, em média, eu faço por dia? E a outras pessoas, quantas? Conheço alguém que tenha alergia à pergunta? Quem pergunta sempre aprende? Quem ensina sempre pergunta?

Existe o imperguntável? E o irrespondível, existe? "Toda pergunta", conforme pensava a filósofa María Zambrano, "indica a perda de uma intimidade ou o fim de uma adoração"? Ao perguntar algo a alguém eu demonstro algum tipo de insegurança? Ou, ao contrário, excesso de segurança?

É uma tentação evitar as perguntas? Fingir que não foram feitas? Imaginar que já foram inventadas todas as respostas suficientes? Existem perguntas ansiosamente aguardadas? Perguntas inesquecíveis? Perguntas inadiáveis?

Mas se não há respostas para alguma pergunta, por que perguntar? Perguntas diretas merecem réplicas evasivas? Perguntas complexas suscitam respostas parciais? Se os pressupostos de uma pergunta não são válidos... é válido dar alguma resposta a tal pergunta?

A lógica erotética (do grego *erótema*, "pergunta", "questão a analisar") é a lógica da interrogação reflexiva. O principal objetivo consiste em provocar o trabalho intelectual, mais do que propriamente obter respostas.

A pergunta filosófica faz o interlocutor pesquisar, pensar, sair da inércia mental.

"EU SOU UMA PERGUNTA."

(Clarice Lispector)

Respostas poderão vir ou não. Algumas respostas poderão estar dentro das perguntas. As respostas poderão surgir na forma de indagações ainda mais contundentes.

As perguntas acima apontam para uma pedagogia erotética. Educar, portanto, é perguntar para ensinar o estudante a perguntar. E tal aprendizado pode e deve iniciar-se na infância.

Em *O livro dos porquês*, o poeta e jornalista italiano Gianni Rodari reúne perguntas simples que, se pensarmos bem, não são tão simples assim...

Rodari pergunta por que a bicicleta anda quando pedalamos, por que as pessoas acompanham a moda, por que os olhos ardem quando cortamos a cebola, por que o galo fecha os olhos quando canta, por que na escola nos dão problemas tão difíceis para resolver, por que em certos países as pessoas negras são maltratadas, por que uma coisa não verdadeira é chamada de mentira, por que damos risada...

As respostas que o autor inventa são híbridas. Além de transmitir o que as coisas são, encoraja a imaginação dos leitores. A poesia está presente também na prosa.

Coroando o livro, *A história de um Porquê*, que começa assim:

> *Era uma vez um Porquê que vivia num velho dicionário na página 819. Um dia, ele se encheu de ficar sempre no mesmo lugar e, aproveitando-se da distração do bibliotecário, deu no pé, pulando com a perninha do "p".*

Depois de muitas perguntas, fugindo da prisão, o Porquê escondeu-se de todos:

> *Escondeu-se muito bem, o nosso Porquê. Um pouco aqui, um pouco lá, em todas as coisas. Por isso, em todas as coisas que você vê tem um Porquê!*

SUGESTÃO

Qual pergunta você nunca fez?

Problematização

Paulo Freire apreciava a palavra "problematização". Empregava também a expressão "educação problematizadora". Conforme escreve Eldon Henrique Mühl no *Dicionário Paulo Freire*, "problematizar implica perguntar, e perguntar não é apenas um ato de conhecimento, mas um ato que realiza a existência humana".

O ato de perguntar/problematizar envolve diálogo, espírito crítico e intervenção sobre a realidade social. Ao voltarmos nossos olhos para essa realidade, sem cair em conformismos ou fatalismos, sentimos a necessidade de imaginar, criar, agir. Surge o desejo de transformar o nosso entorno.

Pois bem. Pensando com Paulo Freire e problematizando o seu pensamento – disposição que ele aprovaria, sem dúvida –, nós nos abrimos uma e outra vez para o conceito: mas o que é, afinal, "problematização"?

Na Itália de meados do século XX, surgiu uma doutrina filosófica designada "problematicismo". Um de seus principais formuladores, Ugo Spirito, sabia que, mais do que uma doutrina, tratava-se de uma atitude cheia de inquietação diante da vida.

No livro *A vida como busca*, Spirito esclarece que pensar significa apresentar objeções, e estas desembocam na milenar (e problemática) pergunta: "O que fazer?".

De acordo com o mesmo autor italiano, cuja trajetória ideológica foi do fascismo ao comunismo, uma pessoa ingênua ouve passivamente o que lhe dizem e não retruca, não reage. Permanece estagnada. Sua chance maior está em problematizar.

Poderá sair da apatia, sim, caso consiga pronunciar uma única palavra de oposição ou restrição. Com um "porém", um "contudo", um "no entanto", aquela sua ingenuidade começará a desfazer-se.

"MINHA MALDADE NÃO HAVIA NASCIDO MEUS PROBLEMAS TAVAM PRA NASCER."

(Solano Trindade)

Em termos práticos, é possível afirmar que somos capazes de radicalizar nossa visão crítica e problematizar informações e opiniões a que temos acesso, relacionadas a versões históricas, normas de comportamento, narrativas, valores, crenças de senso comum, crenças religiosas, crenças políticas etc.

A problematização não se reduz à negação compulsória do que quer que seja. Algumas premissas já assumidas e um autêntico esforço de compreensão são condição *sine qua non* para que, ao enunciar o "porém", o "no entanto", haja espaço para um "portanto", um "por conseguinte", um "consequentemente" e para uma lista de outros sintagmas que operam ligações entre orações e períodos.

Se é fundamental utilizar as conjunções adversativas, não menos necessárias e problematizadoras são as conclusivas, as explicativas, as alternativas e as aditivas, na medida em que convidam o ouvinte/leitor a trazer para a discussão, para o debate, suas ideias, suas teses, sua própria visão das coisas.

O problematicista Spirito elogiava o uso do "porém", mas não deixava de lado, por exemplo, o "portanto":

Pensar significa objetar, e, portanto, julgar, analisar, unir o sujeito ao predicado, afirmar e negar, e tudo isso só pode ser feito por aqueles que dão sentido às suas ações, ou seja, por aqueles que somente sabem e falam porque de fato sabem.

O autor de *La vita come ricerca* [A vida como busca] se perguntará se é possível viver numa postura continuamente crítica: "A vida como busca e investigação é possível?". E a nossa inteligência não teme acrescentar uma nova pergunta a essa: é possível problematizar a doutrina da problematização permanente?

SUGESTÃO

Problematize uma certeza que lhe seja cara e registre suas próprias reações.

Racionalidade

Jacqueline Russ, pensadora francesa, baseando-se em recentes pesquisas da antropologia filosófica, considerava que o ser humano não é apenas *homo sapiens* (o ser que sabe que sabe), mas simultaneamente *homo demens* (o ser que delira e não sabe por quê).

Aliás, sabe, sim, que é *homo demens*, justamente pelo fato de ser *homo sapiens*.

Reconhecendo-se "demente", torna-se mais sapiente.

Por incrível que pareça, graças à racionalidade – isto é, à nossa capacidade de compreender a realidade e pensá-la com rigor, com acerto, com adequação, com justeza, com fé na evidência e na demonstração –, estamos cientes de que a razão, sozinha, é insuficiente para satisfazer nosso desejo de aprender e saber.

O conceito de racionalidade amplia-se, então, ao incorporarmos outras dimensões da sensitividade e da sensibilidade humanas.

O racionalismo, em sentido contrário, peca por minimizar ou desconsiderar o papel da intuição, da imaginação e do sentimento no processo do conhecimento. Há racionalidade, como faz ver Edgar Morin, na arte, no cinema, na literatura:

É no romance, no filme, no poema, que a existência revela sua miséria e sua grandeza trágica, com o risco de fracasso, de erro, de loucura. É na morte de nossos heróis que temos nossas primeiras experiências da morte. É, pois, na literatura que o ensino sobre a condição humana pode adquirir forma vívida e ativa, para esclarecer cada um sobre sua própria vida.

Para uma pessoa não ser apenas um animal saudável nem, como dizia ironicamente Fernando Pessoa, um "cadáver adiado que procria", devemos aceitar o grão de loucura que há dentro de nós... expressão essa ("grão de loucura") que o poeta Mario Quintana acreditava estar na *Bíblia* ou em Shakespeare, "pois o que não está na *Bíblia* está em Shakespeare, ou vice-versa".

"O HOMEM É O ÚNICO ANIMAL QUE SABE QUE É IRRACIONAL."
(Luis Fernando Verissimo)

Rita, uma série de comédia dramática dinamarquesa (2012-2020), tematiza questões (muitas vezes enlouquecedoras) que afetam a vida escolar contemporânea (insegurança familiar, déficit de atenção, *bullying*, depressão, suicídio, drogas, aborto, sexualidade, traição, situação da mulher na sociedade, situação do idoso, uso da tecnologia, ecologia, cidadania, participação política, imigração etc.) e pedem de nós uma abordagem pautada pela racionalidade ampliada.

A professora Rita não é perfeita. Nem sempre obedece às regras e protocolos. Contudo, seu compromisso com a docência, sua lealdade para com os alunos, sua franqueza com os filhos e amigos, sua criatividade, sua disposição para dialogar e sua capacidade de improvisação lhe conferem uma idoneidade superior à autoridade que cargos oficiais poderiam dar.

Uma racionalidade ampliada e contextualizada habilita-nos a descobrir formas alternativas de alcançar o que realmente importa na educação: o desenvolvimento pessoal (não apenas intelectual) dos alunos, para que sigam em frente.

O comportamento inspirado por essa racionalidade nos aproxima, paradoxalmente, da prudência em seu sentido radical. Uma pessoa prudente não é aquela que vive na rigidez racional, andando cautelosamente para não falhar.

Prudente será quem assume riscos e toma decisões nem sempre "racionais", em virtude de uma visão generosa e de uma flexibilidade mental orientadas pelo senso estético, pela alegria de viver, pela coragem, pelo amor.

SUGESTÃO

Ao analisar antigos problemas,
imagine soluções menos convencionais.

Respostas

O pensador espanhol Julián Marías definia filosofia como "a visão responsável". Definição concisa e forte, em que cada um dos três vocábulos merece atenção.

O artigo "a" indica a convicção de que a prática do pensamento renega "chutes" e "achismos" mais ou menos bem-intencionados. "Quem acha vive se perdendo", brincava muito a sério o compositor Noel Rosa.

Renegado o "achismo", também não se trata de "uma" visão a mais entre inúmeras outras. "A" visão responsável apoia-se na prática de perguntas radicais, que precisam ser feitas, empregando-se palavras que talvez incomodem muitos ouvidos, tais como "verdade", "morte", "injustiça", "manipulação", "ideologia" etc.

"A" visão não é, tampouco, uma visão subjetivista do sujeito. Quem vê é um sujeito limitado, localizado, que tem lá as suas cegueiras. A visão, contudo, não é fruto de idiossincrasias. Para além das observações agudas e perspicazes que possamos produzir de vez em quando, "a" visão pretende atingir a universalidade.

E a universalidade, sendo verdadeira, não esmaga a singularidade do sujeito que vê, assim como a singularidade, sendo genuína, não é incompatível com a universalidade.

Da conciliação entre universalidade e singularidade emergem respostas.

A palavra "visão" reporta a uma ação transitiva. Ou seja, a visão não se esgota em ser consciente de seu próprio ato de ver. A visão quer ver para valer. Quer perceber relações entre o que vê. Não lhe bastam imagens sucessivas sem nexo possível entre si, resultado natural da captação indiscriminada do visível. A ação de ver se realiza como visão que pensa a realidade em seus aspectos óbvios e profundos, em seus estratos epidérmicos e entranháveis.

Não confundamos visão com vista. A vista é o órgão da visão, e visão, neste caso, é a capacidade física para ver.

Outra distinção necessária é a existente entre visão física e visão intelectual. E talvez aqui possamos estabelecer uma terceira diferença, entre "pontos de vista" (opiniões) e "a visão", em que o artigo definido "a", no singular, inclui a pluralidade.

"VIVEMOS NUM MUNDO DE RESPOSTAS QUE ESQUECERAM SUAS PERGUNTAS."
(Rafael Echeverría)

O adjetivo "responsável" está ligado à palavra "resposta", no sentido de oferecimento que cumpre uma promessa. O verbo latino *spondere* ("oferecer", "prometer", "unir") e a partícula *re* ("retorno", "volta") compõem *respondere*, apontando para a figura do *responsor*, aquele que, sendo responsável, dá um retorno, responde às perguntas.

A visão responsável não esquece as perguntas relevantes, que nos cobram o compromisso de pensar melhor. Nossa responsabilidade reside em refletir e falar com abertura perante a realidade.

No livro *As mais belas coisas do mundo*, o escritor português Valter Hugo Mãe conversa sobre sua relação afetiva e pedagógica com o avô. São diálogos feitos de perguntas necessárias e sábias respostas. Diálogos sem o mal-estar dos antigos ritos de arguição. O avô lhe propunha, num exercício poético, desvendar problemas e enigmas:

> *De cada vez que a nossa cabeça resolve um problema aumentamos de tamanho. Podemos chegar a ser gigantes, cheios de lonjuras por dentro, dimensões distintas, países inteiros de ideias e coisas imaginárias.*

Se não devemos temer as perguntas, por que deveríamos evitar as respostas, quando estas vêm ampliar nossa responsabilidade?

SUGESTÃO

Seja responsável,
perguntando mais e melhor.

Sabedoria

O tempo passa e é limitado. Podemos fugir dessa constatação e abafar eventuais angústias em relação ao desenlace da existência, distraindo nossa cabeça e nosso coração com todo tipo de entretenimento ou com uma incansável e estressante atividade profissional.

A sabedoria, ao contrário, prefere empregar o tempo disponível na busca de perguntas relevantes e respostas convincentes, que deem sentido à vida... e à morte.

Um dos traços indisfarçáveis da verdadeira sabedoria é a consciência de que o ser humano não sabe tudo. Não somos oniscientes. Pensando bem, no entanto, só o fato de lamentarmos a evidente insciência que nos atormenta já revela o quanto ainda estamos longe da sabedoria...

Não obstante isso, a sabedoria existe? Existe. E pessoas sábias existem? Existem. Fazem parte de uma imensa minoria, a exemplo dos gênios.

A busca da sabedoria não entra na categoria dos entretenimentos. Experimenta-se uma contínua sensação de impotência. Não há espaço para a euforia. Os resultados são sempre esporádicos e escassos. Por outro lado, de nada adianta empenhar-se dia e noite numa luta sem tréguas para obter a tão sonhada sabedoria, caso a imaginemos (equivocadamente) como algo a ser conquistado a ferro e fogo.

Um dos mais influentes matemáticos e filósofos do século XX, Bertrand Russell, pensava que, quando se é jovem, nada no mundo parece inalcançável. O conhecimento da vida parece ser algo já obtido depois de alguns poucos anos de estudo e experiência. Porém, à medida que se entra na maturidade, a própria vida revela-se em sua dureza implacável. Surge a sombra da doença e da morte, da pobreza, do sofrimento. O destino, em suma, parece atar nossas mãos, nossos pés, exigindo que abandonemos toda e qualquer ilusão.

Pois bem, precisamente nesse momento, desiludidos, livres da ingenuidade, chegamos ao portal da sabedoria.

"SE A SABEDORIA ME FOSSE DADA COM A CONDIÇÃO DE NÃO COMUNICÁ-LA, EU ME RECUSARIA A RECEBÊ-LA."
(Sêneca)

Dizia um escritor que escrever é transbordar. A sabedoria também se dá como transbordamento. Quem ama a sabedoria sabe que não poderá dominá-la, controlá-la, medi-la, muito menos comprá-la. A atitude é outra. É a de quem, com simplicidade, recebe porque se deixou enriquecer.

Devemos mergulhar na sabedoria, beber dela, alimentar-nos de seus frutos. E é dessa sabedoria saboreada e assimilada que outras pessoas poderão usufruir.

Ouçamos agora a pergunta inevitável: onde estará a sabedoria?

As palavras de Sêneca, afirmando que recusaria receber a sabedoria se não pudesse comunicá-la, atestam ao menos um traço em comum com a docência. Segundo a arte de ensinar, a alegria de quem aprende corresponde à alegria de quem localiza e aponta, no mapa da existência, as fontes de onde jorra a sabedoria.

A sabedoria propõe a plenitude. Sendo decididamente cognitiva, é fortemente afetiva. Sendo essencialmente contemplativa, é indubitavelmente ativa, prática, corajosa. Sendo concentrada em si mesma, está serenamente aberta a tudo e a todos.

Em suas instigantes reflexões no livro *Onde encontrar a sabedoria?*, Harold Bloom lembra que, para William James, sabedoria era também aprender a ignorar o que deve ser ignorado. Mais um dos muitos paradoxos que brotam da própria sapiência.

SUGESTÃO

Ao aprender alguma coisa nova,
leve-a quanto antes ao conhecimento
dos demais.

Universidade

Como não falar da universidade? Como não valorizar a universidade? Como não esperar inovação e aprofundamento por parte da universidade? Como não olhar para a universidade com o desejo de vê-la em ação, humanizando a sociedade?

Todos precisamos falar da universidade pelo que ela representa em termos civilizacionais e pelo papel que desempenha na vida de cada um de nós, direta ou indiretamente.

Se deixássemos de falar da universidade num livro sobre pensamento e ensino, estaríamos cometendo uma grande injustiça com o "lugar" em que se aprende a pensar com rigor máximo. A atmosfera de toda instituição universitária precisa nos fazer respirar a exigência da busca pela verdade. Como escreveu Jacques Derrida, "a universidade promete um compromisso sem limites para com a verdade".

Aliás, a Universidade Harvard tem como lema unicamente a palavra latina *Veritas* ("A Verdade"), o que influenciou a escolha de instituições como a Universidade de Michigan ("Artes, Ciência, Verdade"), a Universidade

Yale ("Luz e Verdade"), a Universidade Johns Hopkins ("A Verdade vos libertará"), a Universidade Dōshisha, em Quioto (também "A Verdade vos libertará"), a Universidade Nacional de Seul, na Coreia do Sul ("A Verdade é minha Luz"), entre outras muitas. No Brasil, há universidades que empregam a mesma palavra, como a Universidade Federal do Amazonas ("A Ciência como Verdade universal"), a Pontifícia Universidade Católica do Rio Grande do Sul ("Conduz à Verdade") e a Universidade Luterana do Brasil ("A Verdade vos libertará").

"A UNIVERSIDADE É INTELIGÊNCIA INSTITUCIONALIZADA."

(Cipriano Luckesi)

Aqueles que, na universidade, pensam e debatem, pesquisam e escrevem, defendem teses e questionam ideias crescerão em maturidade intelectual, exercendo essas atividades.

Uma das muitas facetas da vida universitária é a preocupação com a realidade social. O pesquisador universitário (e todo universitário é um pesquisador) precisa sair do escritório, do laboratório, da sala de aula, para dialogar com a realidade. Depois, regressará à universidade e, dentro dela, refletirá sobre a realidade pesquisada.

Outra faceta da universidade é a especialização sem que, no entanto, perca-se de vista a formação integral dos especialistas. Mesmo a mais "neutra" e "isolada" das ciências será confrontada com questões éticas, políticas, econômicas, sociais, filosóficas. Mesmo o especialista mais focado numa só área do conhecimento deve abrir sua mente para o todo.

A ideia fundante da universidade é que o especialista saiba conversar com o universal e estimule sua curiosidade para além do interesse imediato, mais restrito, abrindo-se para o diálogo interdisciplinar e transdisciplinar.

Essas e outras noções gerais sobre a universidade pedem concretização em tempos e lugares determinados. Darcy Ribeiro, que fundou a Universidade de Brasília com Anísio Teixeira em 1962, pronunciou em 1985 um discurso que, mais tarde, intitulado "Universidade, para quê?", foi publicado no livro *O Brasil como problema*.

E disse Darcy Ribeiro:

> *Uma universidade que não tem um plano de si mesma, carente de sua própria ideia utópica de como quer crescer, sem a liberdade e a coragem de se discutir amplamente, sem um ideal mais alto, uma destinação que busque com clareza, só por isto está debilitada e se torna incapaz de viver o seu destino.*

Uma universidade viverá seu destino se encontrar respostas para perguntas como "Esta universidade para quê?", "Para quem?", "Qual o seu maior ideal?".

SUGESTÃO

Crie e mantenha relações com a vida universitária.

Verdade

É normal dizermos verdades sem nos referirmos à palavra "verdade". Dizemos de modo direto, no dia a dia, nossas verdades e seguimos em frente.

Se, por exemplo, alguém me pergunta qual a minha idade atual, e eu respondo com a informação verdadeira, que pode ser aferida ao consultarmos a data que consta de meus documentos, ou ao solicitarmos o testemunho de pessoas idôneas, eis aí verdades puras e simples. Verdades que, sem dúvida, poderiam ser (até certo ponto) ocultadas.

A palavra "verdade", porém, nos leva para além do terreno informacional. Nesse terreno, mais limitado, produzimos em quem nos ouve um estado doxástico, ou seja, levamos o outro a desenvolver uma opinião. Conhecendo minha idade atual, o interlocutor poderá dizer: "Você parece bem mais novo"... ou "Você parece bem mais velho"... ou "Foi exatamente essa a idade que eu imaginei que você teria".

No entanto, para além da informação, recebemos o aceno de verdades mais profundas e mais complexas.

Nesse sentido, o conhecimento da verdade é o resultado de um longo processo de autoconhecimento, de relacionamento com os demais e de crescimento pessoal, que culmina na opção e na adesão dos grandes ideais humanizadores, tais como o ideal do amor, da beleza, da justiça, da solidariedade... e o próprio ideal da verdade.

Mais do que possuidores e controladores da verdade, somos seres chamados a descobrir a verdade. É em virtude dessa progressiva descoberta que nos tornamos pessoas mais verdadeiras. Pessoas mais livres e mais felizes.

A liberdade criativa, a liberdade de quem faz opções construtivas, está profundamente vinculada à verdade, entendida aqui como manifestação luminosa do que é uma realidade em sua essência.

Dentre tudo o que podemos chamar de realidade, a realidade pessoal é a que se põe, digamos assim, como a mais acessível, e talvez por isso mesmo a mais enganadora e desafiadora. O autoconhecimento, o conhecimento da nossa verdade como seres humanos, envolve alegria e decepção, surpresa e entusiasmo. Parodiando Guimarães Rosa, autoconhecer-se é perigoso.

"A COMPREENSÃO ÍNTIMA DE SI DÁ AO SER HUMANO SUA VERDADEIRA DIMENSÃO."
(Fayga Ostrower)

Quando penetramos na raiz profunda de uma determinada realidade, descobrimos a sua verdade, o que implica uma relação ativa entre nós e essa realidade em concreto. Se, ao contrário, não fazemos esse esforço de penetração, de diálogo, a verdade mantém-se distante, "apagada" e, portanto, ignorada.

Compreendida, assim, de forma relacional e colaboradora, a verdade de cada ser ao nosso redor e a nossa própria verdade como seres que precisam encontrar-se consigo mesmos convertem-se em fonte de lucidez.

O estudo das grandes obras da filosofia demonstra que a lucidez costuma andar lado a lado da humildade. Uma e outra garantem a quem pensa (e a quem ensina) a capacidade de observar, criticar e aprender continuamente.

Evidentemente, não possuímos a total lucidez... nem a humildade absoluta. As sombras da ignorância, da arrogância, do autoengano, das mentiras e ilusões das quais somos herdeiros aí estão. Aqui estão.

Todavia, se nem tudo é clareza, nem tudo é escuridão.

Pontos de luz no caminho da vida docente nos inspiram e nos motivam a prosseguir.

SUGESTÃO

Não desista de conhecer pequenas e grandes verdades.

Conclusão

Poucos remédios são tão eficazes para a falta de assunto, argumentos ou vocabulário quanto a leitura reflexiva. Esse tipo de leitura estimula o pensamento, desperta em nós possibilidades de transbordamento, de ensino. E ensinar é deixar os outros aprenderem, convidando-os a pensar por conta própria, a ler o mundo por sua própria conta.

Mas como seria não pensar por conta própria? Como já dito, pensar por conta alheia não faz o menor sentido.

Pensar com responsabilidade pessoal consiste em ver as coisas e o avesso das coisas. Com seriedade e com um sorriso na mente, vamos ao encontro dos diferentes temas, dilemas e problemas. Concatenamos ideias, convocamos a participação da memória e da imaginação, remoemos, ruminamos, cismamos, matutamos...

Sobretudo, pensar é "pensar o que se é, como se é", conforme defende o professor e filósofo Roberto Gomes num dos melhores estudos brasileiros já escritos sobre a arte de pensar, um livro seu publicado em 1977, intitulado *Crítica da razão tupiniquim*. Considero essa obra imprescindível, ainda hoje, para quem, entre nós, deseja refletir com os pés no chão.

Pensadores e pensadoras nos ensinam a pensar. Ensinam, na medida em que pensam diante de nós. Conversando conosco. Desvelando-se.

Concluo com uma breve parábola.

Certa vez, um filósofo andarilho foi acolhido numa pequena cidade, cujos habitantes, sabendo de suas longas viagens mundo afora, ansiavam ouvir detalhes a respeito dos diversos locais que ele visitara ao longo da vida.

Diante da grande plateia, o filósofo contemplava em silêncio o rosto daquelas pessoas que, com os olhos arregalados, transpiravam curiosidade. E o pensador continuava em silêncio, sentado, imóvel, até que várias vozes o interrogaram: "Mas, afinal, que coisas maravilhosas o senhor viu ao redor do mundo? Fale-nos alguma coisa!".

A resposta foi decepcionante: "Em todos os lugares tudo é como aqui. Todas as coisas que vocês têm são idênticas às que outros povos possuem. Não há nada de diferente entre vocês e os demais. Esta cidade é igual a todas as outras que eu já conheci".

Uma mulher da plateia pronunciou-se em alto e bom som: "Ei! O senhor diz que em toda parte tudo é como aqui! E por acaso quer que acreditemos também que, por baixo do seu manto de andarilho, não veste uma roupa exótica, diferente da nossa?".

O filósofo levantou-se serenamente e despiu-se do manto. Espantaram-se todos com a roupa que ele trajava. Uma roupa multicolorida, sem estilo definido, vestimenta incomparável, um conjunto de retalhos costurados, retalhos de vários tamanhos e padronagens, uma roupa repleta de bolsos, laços, franjas, enfeites, bijuterias de vidro e de outros materiais difíceis de classificar, broches representando bandeiras estrangeiras, medalhas feitas de metais variados, um verdadeiro mapa-múndi cobrindo-lhe o corpo.

A mulher que fizera a pergunta voltou-se para a plateia e disse: "Viram?".

Bibliografia

ADLER, Mortimer J. *Como pensar sobre grandes ideias.* Tradução de Rodrigo Mesquita. São Paulo: É Realizações, 2013.

AGOSTINHO. *A verdadeira religião.* Tradução de Nair de Assis Oliveira. São Paulo: Paulus, 2002.

ALARCÃO, Isabel. *Professores reflexivos em uma escola reflexiva.* 8. ed. São Paulo: Cortez, 2011.

ARENDT, Hannah. *Entre o passado e o futuro.* Tradução de Mauro W. Barbosa de Almeida. São Paulo: Perspectiva, 1972.

ARISTÓTELES. *Metafísica.* 2. ed. Tradução de Marcelo Perine. São Paulo: Loyola, 2002. 3 v.

BAUDRILLARD, Jean. *À sombra das maiorias silenciosas: o fim do social e o surgimento das massas.* 3. ed. Tradução de Suely Bastos. São Paulo: Brasiliense, 1993.

BEAUVOIR, Simone de. *A velhice.* 2. ed. Tradução de Maria Helena Franco Martins. Rio de Janeiro: Nova Fronteira, 2018.

BLOOM. Harold. *Onde encontrar a sabedoria?* Tradução de José Roberto O'Shea. Rio de Janeiro: Objetiva, 2005.

BOAL, Augusto. *A estética do oprimido.* Rio de Janeiro: Garamond, 2009.

BORDELOIS, Ivonne. *Etimologia das paixões.* Tradução de Luciano Trigo. Rio de Janeiro: Odisseia Editorial, 2007.

BUNGE, Mario. *Dicionário de filosofia*. Tradução de Gita K. Guinsburg. São Paulo: Perspectiva, 2002.

CASSIN, Barbara. *O efeito sofístico*. Tradução de Ana Lúcia de Oliveira, Maria Cristina Franco Ferraz e Paulo Pinheiro. São Paulo: Editora 34, 2005.

CHRISTIE, Agatha. *O assassinato de Roger Ackroyd*. 4. ed. Tradução de Renato Rezende. São Paulo: Globo, 2014.

COMTE-SPONVILLE, André. *Dicionário filosófico*. Tradução de Eduardo Brandão. São Paulo: Martins Fontes, 2003.

CORAZZA, Sandra Mara; AQUINO, Julio Groppa. *Dicionário das ideias feitas em educação*. Belo Horizonte: Autêntica, 2011.

DAMATTA, Roberto. *O que faz o brasil, Brasil?*. Rio de Janeiro: Rocco, 1986.

DEMO, Pedro. *Outro professor: alunos aprendem bem com professores que aprendem bem*. Jundiaí: Paco Editorial, 2011.

DERRIDA, Jacques. *A universidade sem condição*. Tradução de Evando Nascimento. São Paulo: Estação Liberdade, 2003.

ECO, Umberto. *Semiótica e filosofia da linguagem*. Tradução de Maria Rosaria Fabris e José Luiz Fiorin. São Paulo: Ática, 1991.

ELIAS, Norbert. *Mozart: sociologia de um gênio*. Tradução de Sergio Goes de Paula. Rio de Janeiro: Zahar, 1995.

FEYNMAN, Richard. *Os melhores textos de Richard P. Feynman*. Tradução de Maria Beatriz de Medina. São Paulo: Blucher, 2015.

FLUSSER, Vilém. *A dúvida*. São Paulo: Annablume, 2011.

FOER, Franklin. *O mundo que não pensa: a humanidade diante do perigo real da extinção do* homo sapiens. Tradução de Debora Fleck. Rio de Janeiro: LeYa, 2018.

FREINET, Élise. *O Itinerário de Celéstin Freinet: a livre expressão na pedagogia Freinet*. Tradução de Priscila de Siqueira. Rio de Janeiro: Francisco Alves, 1979.

FREUD, Sigmund. *Leonardo da Vinci e uma lembrança de sua infância*. Tradução de L. Salomão. Rio de Janeiro: Imago, 1980.

GAIARSA, José Ângelo. *As vozes da consciência*. São Paulo: Ágora, 1991.

GAUTHIER, Clermont; TARDIF, Maurice (Orgs.). *A pedagogia: teorias e práticas da antiguidade aos nossos dias*. 2. ed. Tradução de Guilherme João de Freitas Teixeira. Petrópolis: Vozes, 2013.

GOMES, Roberto. *Crítica da razão tupiniquim*. 14. ed. Curitiba: Criar Edições, 2008.

GRACIÁN, Baltasar. *A arte da prudência*. Tradução de Ivone Castilho Benedetti. São Paulo: Martins Fontes, 1996.

GULLAR, Ferreira. *A estranha vida banal*. Rio de Janeiro: José Olympio, 1989.

HOFFMANN, Jussara. *Avaliar para promover: as setas do caminho*. 17. ed. Porto Alegre: Mediação, 2018.

HUISMAN, Denis. *Dicionário dos filósofos*. Tradução de Cláudia Berliner, Eduardo Brandão, Ivone Castilho Benedetti e Maria Ermantina de Almeida Prado Galvão. São Paulo: Martins Fontes, 2001.

JUNG, Carl Gustav *et al*. *O homem e seus símbolos*. Tradução de Maria Lúcia Pinho. Rio de Janeiro: Nova Fronteira, 2008.

JUNG, Carl Gustav. *Símbolos da transformação: análise dos prelúdios de uma esquizofrenia*. Tradução de Eva Stern. Petrópolis: Vozes, 2016.

KRAUS, Karl. *Aforismos*. Tradução de Renato Zwick. Porto Alegre: Arquipélago, 2010.

LISPECTOR, Clarice. *A bela e a fera*. Rio de Janeiro: Rocco, 1999.

LUCKESI, Cipriano. *Sobre notas escolares: distorções e possibilidades*. São Paulo: Cortez, 2014.

MÃE, Valter Hugo. *As mais belas coisas do mundo*. Rio de Janeiro: Biblioteca Azul, 2019.

MATURANA, Humberto. *Emociones y lenguaje en educación y política*. Santiago: Ediciones Pedagógicas Chilenas, 1990.

MONTAIGNE, Michel de. *Ensaios*. Tradução de Rosemary Costhek Abílio. São Paulo: Martins Fontes, 2002. 3 v.

MONTERO, Rosa. *A louca da casa*. 2. ed. Tradução de Paulina Wacht e Ari Roitman. Rio de Janeiro: Ediouro, 2015.

MONTESQUIEU. *O espírito das leis*. 3. ed. Tradução de Cristina Murachco. São Paulo: Martins Fontes, 2005.

MONTESSORI, Maria. *A educação e a paz*. Tradução de Sonia Maria Alvarenga Braga. Campinas: Papirus, 2004.

MORIN, Edgar. *A cabeça bem-feita: repensar a reforma, reformar o pensamento*. 9. ed. Tradução de Eloá Jacobina. Rio de Janeiro: Bertrand Brasil, 2004.

MORIN, Edgar. *Ciência com consciência*. 14. ed. Tradução de Maria Alice Araripe de Sampaio Doria. Rio de Janeiro: Bertrand Brasil, 2002.

NACHMANOVITCH, Stephen. *Ser criativo: o poder da improvisação na vida e na arte*. 5. ed. Tradução de Eliana Rocha. São Paulo: Summus, 1993.

PAULOS, John Allen. *I think, therefore I laugh: an alternative approach to philosophy*. Nova York: Columbia University Press, 1985.

PENNAC, Daniel. *Diário de escola*. 2. ed. Tradução de Leny Werneck. Rio de Janeiro: Rocco, 2008.

PEREC, Georges. *Je me souviens*. Paris: Hachette, 1978.

PERISSÉ, Gabriel. *Introdução à filosofia da educação*. Belo Horizonte: Autêntica, 2008.

PERISSÉ, Gabriel. *Uma pedagogia do corpo*. Belo Horizonte: Autêntica, 2020.

PINKER, Steven. *O instinto da linguagem: como a mente cria a linguagem*. Tradução de Claudia Berline. São Paulo: Martins Fontes, 2004.

POSTIC, Marcel. *O imaginário na relação pedagógica*. Tradução de Mário José Ferreira Pinto. Rio Tinto (Portugal): Asa, 1992.

QUEIROZ, Carlos. *Breve tratado de não versificação*. Lisboa: Oficina Gráfica, 1948.

REBOUL, Olivier. *Qu'est-ce qu'apprendre? Pour une philosophie de l'enseignement*. Paris: PUF, 1980.

RIBEIRO, Darcy. *A universidade necessária*. 2. ed. Rio de Janeiro: Paz e Terra, 1975.

RIBEIRO, Darcy. *Educação como prioridade*. São Paulo: Global, 2018.

RIBEIRO, Darcy. *O Brasil como problema*. Rio de Janeiro: Francisco Alves, 1995.

RODARI, Gianni. *O livro dos porquês*. Ilustrações de Giulia Orecchia. Tradução de Michele Iacocca. Porto Alegre: Edelbra, 2012.

RUSSELL, Bertrand. *Misticismo e lógica; e outros ensaios*. Tradução de Alberto Oliva e Luiz Alberto Cerqueira. Rio de Janeiro: Zahar Editores, 1977.

SACKS, Oliver. *Vendo vozes: uma viagem ao mundo dos surdos*. Tradução de Laura Teixeira Motta. São Paulo: Companhia das Letras, 2010.

SAVIANI, Dermeval. *A pedagogia no Brasil: história e teoria*. 2. ed. Campinas: Autores Associados, 2020.

SCHOPENHAUER, Arthur. *A arte de escrever*. Tradução de Pedro Süssekind. Porto Alegre: L&PM, 2005.

SCRUTON, Roger. *Confissões de um herético*. Tradução de André Bezamat. Belo Horizonte: Âyiné, 2017.

SILVEIRA, Nise da. *Jung: vida e obra*. 7. ed. Rio de Janeiro: Paz e Terra, 1981.

SOARES, Magda. *Letramento: um tema em três gêneros*. Belo Horizonte: Autêntica, 2003.

SPIRITO, Ugo. *La vita come ricerca*. 3. ed. Florença: Sansoni, 1948.

STRECK, Danilo; REDIN, Euclides; ZITKOSKI, Jaime J. (Orgs.). *Dicionário Paulo Freire*. 2. ed. rev. e ampl. Belo Horizonte: Autêntica Editora, 2010.

SZASZ, Thomas S. *La teología de la medicina*. Tradução de Antonio Escohotado. Barcelona: Tusquets, 1981.

TARDY, Michel. *O professor e as imagens*. Tradução de Frederico Pessoa Barros. São Paulo: Cultrix/EDUSP, 1999.

TROCMÉ-FABRE, Hélène. *J'apprends, donc je suis*. Paris: Les Éditions d'Organisation, 1987.

UNAMUNO, Miguel de. *Névoa*. Tradução de José Antonio Ceschin. Rio de Janeiro: Nova Fronteira, 1989.

WEINER, Eric. *Onde nascem os gênios*. Tradução de Dalton Caldas. Rio de Janeiro: Darkside, 2016.

WILDE, Oscar. *Intentions*. Nova York: Brentano's, 1998.

WILSON, John. *Pensar com conceitos*. 2. ed. Tradução de Waldéa Barcellos. São Paulo: Martins Fontes, 2005.

ZABALA, Antoni. *A prática educativa: como ensinar*. Tradução de Ernani F. da Rosa. Porto Alegre: Artmed, 1998.

ZAMBRANO, María. *El hombre y lo divino*. 2. ed. Cidade do México: Fondo de Cultura Económica, 1973.

Projeto da coleção

A coleção O valor do professor, concebida por Gabriel Perissé, é composta por 12 títulos, que abrangem diversas dimensões da realidade profissional dos professores e gestores educacionais:

Uma pedagogia do corpo	Corpo
Educação e espiritualidade	Espiritualidade
Penso, logo ensino	Inteligência
Leituras educadoras	Leitura
Falar bem e ensinar melhor	Oratória
Professores pesquisadores	Pesquisa
Convivência, política e didática	Política
Liderança: uma questão de educação	Liderança
Educação e sentido da vida	Sentido da vida
Educação financeira e aprendedorismo	Dinheiro e trabalho
As virtudes da educação	Ética
Ensinar com arte	Estética

O projeto editorial conjuga-se a um programa de formação docente continuada, individual ou coletiva, adaptável às condições concretas de uma escola, de uma universidade, de uma rede municipal de educação, de um sistema de ensino.

Baseada nos parâmetros e princípios da educação humanizadora, a formação integral e contínua propicia a nossos professores a autocompreensão e o decorrente aperfeiçoamento pessoal e profissional.

A proposta completa consiste em abordar os temas acima, ao longo de um a dois anos, em oficinas e/ou palestras, para que a reflexão em grupo sobre a realidade profissional dos professores leve à adoção consciente de atitudes que renovem pessoas e ambientes.

Informações adicionais

site www.gabrielperisse.com
lattes http://lattes.cnpq.br/4420556922540257
e-mails perissepalestras@uol.com.br
lerpensareescrever@hotmail.com
gentejovemeducacional@gmail.com

Este livro foi composto com tipografia Adobe Garamond Pro
e impresso em papel Off-White 80 g/m² na Formato Artes Gráficas.